내가 한다!
YOU가 한
육아

내가 한다! You가 한 육아

발행일	2019년 9월 16일		
지은이	봄봄이 아빠		
펴낸이	손형국		
펴낸곳	(주)북랩		
편집인	선일영	편집	오경진, 강대건, 최예은, 최승헌, 김경무
디자인	이현수, 김민하, 한수희, 김윤주, 허지혜	제작	박기성, 황동현, 구성우, 장홍석
마케팅	김회란, 박진관, 조하라, 장은별		
출판등록	2004. 12. 1(제2012-000051호)		
주소	서울시 금천구 가산디지털 1로 168, 우림라이온스밸리 B동 B113, 114호		
홈페이지	www.book.co.kr		
전화번호	(02)2026-5777	팩스	(02)2026-5747
ISBN	979-11-6299-851-9 03370 (종이책)		979-11-6299-852-6 05370 (전자책)

이 도서의 국립중앙도서관 출판예정도서목록(CIP)은 서지정보유통지원시스템 홈페이지(http://seoji.nl.go.kr)와
국가자료공동목록시스템(http://www.nl.go.kr/kolisnet)에서 이용하실 수 있습니다.
(CIP제어번호: CIP2019036310)

(주)북랩 성공출판의 파트너

북랩 홈페이지와 패밀리 사이트에서 다양한 출판 솔루션을 만나 보세요!

홈페이지 book.co.kr   •   **블로그** blog.naver.com/essaybook   •   **출판문의** book@book.co.kr

내가 한다! YOU가 한 육아

봄봄이 아빠 지음

북랩 book Lab

목차

PART 2. 휴직 개시, 퇴사불가 풀타임 육아 아빠

PART 1.

휴직 준비,
아직은
육아 파트라이머

Ep. 01 육아 휴직 결심

언젠가 내 아들(이하 '봄봄이')이 (긍정적으로든 부정적으로든) 삶의 교훈으로 삼았으면 하는 마음과 누군가 아빠로서 육아 휴직을 고민하는 사람에게 도움이 되는 바람으로 이 글을 쓴다. 절대적인 기준은 아니겠지만 분명 누군가에게는 용기를 줄 것이라 믿는다. 이 에세이는 내가 육아 휴직을 결심한 순간부터 복직까지의 순간을 일기 형식으로 기록한다.

육아 휴직을 결심했다.

나는 대기업 건설사에 재직 중인 8년 차 꽉 찬 대리 말 35살이자, 20개월 아들내미의 아빠다. 육아 휴직이 꼭 필요한 상황도 아니었고, 그랬기에 누구도 내게 육아 휴직을 하라고 등떠밀지 않았다. 안 한다고 뭐라 하는 사람은 더더욱 없었다.

우리 봄봄이가 태어나고 은행원인 와이프가 감사하게도 2년이란 긴 시간 동안 휴직을 해 주었다. 또한 복직과 동시에 아이를 와이프 은행 사내 어린이집에 보낼 수 있었다. 출근길에 같이 가서 퇴근길에 같이 오면 되는 아주 준수하고 훌륭한 조건이었다. 심지어 와이프 직장과 내 직장은 걸어서 5분이다.

유사시 친할아버지 찬스도 자유롭게 쓸 수 있었다. 퇴직이 다가와 출퇴근이 자유로우셨다.

다른 열악한 상황의 주변 사람들도 많았다. 생판 모르는 남에게 하루종일 아이를 맡기기도 하고 아이의 조부모님이 희생하시기도 하고, 어린이집에 데려다 주기만 하고 하원 도우미가 하원부터 부모가 퇴근할 때까지 케어해 주는 등 다양했다.

이처럼 각자 다양한 케이스가 있고, 다양한 어려움이 있다. 아이를 많이 못 낳는 이유다.

나는 비교적 매우 훌륭한 조건임에도 불구하고 육아 휴직을 결심했다. 작년 11월부터 조직 개편 한다고 뒤숭숭한 분위기 속에 근 두 달 동안 시간을 보내다가 좋아하는 팀장님은 다른 데로 가셨고, 소속 팀은 다른 팀과 합쳐졌으며, 그 와중에 분위기는 적응하기 어려운 지경이었다.

다른 팀으로 이동해야 할 시기가 지났는데도 팀장님과 실장님은 나를 보낼 생각도 안 하셨고, 만 7년이나 다녔으니 이제 좀 전환이 필요하기도 했으며, 언제까지 회사에 다닐 수는 없으니 공부 좀 하면서 미래에 대한 대비도 해야겠다 싶었다.

한두 가지 이유가 아닐 것

아이에게 한정해서 이유를 찾아보면, 우리 아들과 좋은 추억 만들고 싶다는 게 첫 번째요, 20개월짜리 말도 못하는 아가를 어린이집에 10시간 처박아놓기 싫다는 게 두 번째, 애가 아프거나 어린이집에 감기 걸린 애가 넘쳐나도 어쩔 수 없이 거길 보내는 게 싫다는 게 세 번째, 내가 낳은 자식인데 조부모 힘들게 하고 싶지 않다는 게 네 번째였다.

왜 내가 육아 휴직을 쓰려고 했는지, 막상 말하려니 정확한 이유를 잘 모르겠다. 아이를 위한 것도 맞지만 나를 위한 것도 맞는 것 같다. 나를 위함도 있기에, 2년 동안 어린이집도 안 보내고 혼자서 고생한 와이프한테 내 휴직이 미안할 뿐.

"아빠가 왜 육아 휴직했어요?" 물어보면 뭐라고 대답하지?

"아이 봐 줄 사람이 없어서요~."

위에 나열한 온갖 이유를 뒤로한 채, 다들 수긍할 만한 이유를 대야 할 것만 같다. 아빠가 아이를 보겠다고 육아 휴직을 하는데, 아이 봐 줄 사람이 없다는 이유를 대야 하다니… 아직까지는 아빠가 우선적으로 아이를 보는 게 당연하지 않은 사회인가 보다.

결심이 선 후, 회사에서 육아 휴직 관련 사규를 찾아봤다. 인사팀 담당에게도 물어봤다.

굳이 쓴다면 회사는 막을 수 없다.

자, 절차상 문제는 없음을 확인했다. 이제는 다른 문제들을 확인해야 한다. 경제적인 문제가 가장 크게 다가왔다.

2년 전에 장만해서 올해 입주하는 우리 첫 집이 머리를 스친다. 생전 빚을 멀리하던 우리 부부에 기분 좋은 무게감이 더해졌다.

'기분 좋은'이라는 수식이 붙었지만 무게는 무게다.

그래도 와이프 휴직 중에 나 혼자 벌어 버틸 수 있었으니, 내가 휴직 중에도 버틸 수 있다는 계산이 나온다. 와이프가 나보다 더 번다는 게 다행이다(웃프다).

더욱이 2019년부터 엄마 휴직 이후 아빠가 휴직을 하면 육아 휴직 급여를 더 준단다. 엄마가 1년 동안 나라에서 휴직 급여를 받으면 내가 휴직을 해도 휴직 급여를 못 받는 줄 알았는데, 나도 받을 수 있단다.

노무사 친구한테 확인해 보니 그 친구가 나더러 "너는 고용보험 안 냈냐"며 한마디한다. 나도 나름 노무사 1차 합격자인데 까맣게 잊었다.

휴직을 이어서 한 사람의 육아 휴직 급여액은 이렇다. 3개월간 통상임금의 100%(최대 250만 원)를 주고, 나머지 9개월은 50%(최대 120만 원)을 준단다.

경제적인 문제는 해결이다. 다만 빚 청산이나 재산 증식이 조금 늦어질 뿐이다. 40대에 상가 사서 은퇴하는 게 꿈이었는데 조금 (많이) 미뤄야 한다.

자, 이제 현실적 장애 요인은 없다. 이제 가족과 회사 관계자를 설득하면 된다.

와이프랑은 계속 이야기하고 있었으니 문제가 없다. 와이프도 내가 아이를 보는 편이 마음에는 더 편안하리라.

현실적 문제 두 번째, 아기를 내가 보는 게 가능한가?

아직은 아이가 나보다는 엄마를 더 좋아하고 찾지만 요즘 말도 알아듣고 하니 괜찮을 것 같다. 와이프도 했는데 나도 할 수 있다. 아이와 시간 보내 주는 것만큼 좋은 선물은 없을 거라 최면을 걸어 보자.

결심은 끝났다.

Ep. 02 육아 휴직 본가 통보

육아 휴직을 결심하고, 와이프에게 생각을 전달했다. 뭐 와이프는 내가 하고자 하는 것에 그다지 반대를 하는 편이 아니기 때문에 큰 문제없이 OK사인이 떨어졌다.

아이가 조금 더 클 때까지, 말은 할 수 있을 때까지 부모가 케어하자는 게 공통된 생각이었고, 나도 앞으로의 미래를 고민하자는 데 의견 합의가 이뤄졌다.

5년째 같이 사는 입장에서 그녀의 생각을 추론해 보면 '너 휴직해도 나 복직하면 우리 사는 데 지장 없으니 하고 싶은 거 해라'가 더 크지 않나 싶다. 앞으로도 이 여자에 대해 많이 적겠지만 많이 쿨한 여자다.

와이프의 복직이 다가오면서부터 나누던 이슈이니 와이프를 설득하는 건 큰 문제가 아니다. 그런데 양가에 말하는 두 번째 허들이 남았다. 아니, 회사에 먼저 말하는 게 허들 2, 가족이 허들 3이 맞겠다. 오늘은 허들 2말고 3부터 쓴다. 쓰다 보니 이렇게 됐다. 의식의 흐름인가.

남자로 태어나 가정을 이뤄 상투를 틀고 애까지 낳았으면 누구의 간섭 없이(와이프 제외) 선택을 할 수 있어야 하는데 양가 부모님께 이 결정의 동의를 어떤 식으로든 받아야 한다는 게 속상하다.

(모든 부모가 그렇지만) 양가 모두 자식들 삶에 걱정이 지대하시다. 하지만

걱정의 방식은 매우 다르다. 본가는 적극적 개입 및 조언(조언이라 쓰고 반강요라 읽는다. '니들은 경험이 없다!')을 하시는 스타일이고 처가는 원하는 대로 하라(쿨한 듯 하지만 포기다. '지들이 알아서 하는 거지')는 스타일이다.

먼저 현재까지는 남자의 휴직이 사회적, 일반적으로 통용되는 상식상 이례적이므로 처갓집에 말하는 게 더 고난이도라 판단, 본가에 먼저 얘기하기로 했다.

결심을 하고 회사에서 휴직 가능 여부에 대해 파악하는 기간 중 살짝 본가에 휴직 얘기를 흘렸더니 반응이 예상 밖이다. (인생은 역시 예측불가다.)

펄쩍 뛸 줄 알았던 엄마(서열 1위. 집안 권력의 9할)는

"그럼 아이한테 너무 좋지!"

뭐지? 동수저로 태어나 지하 암반수 나올 법한 깊이의 흙수저 유년기를 겪으며 성공에 대한 열망으로 살아온 우리 엄마가 이상한 말을 한다.

평생 잘살아 보겠다 외치며 자식들의 사회적 지위를 자신의 얼굴처럼 생각하신 분인데, 아들의 육아 휴직에 저런 반응이라니.

하지만 마음놓을 수 없다. 함정일 수도 있다. 우리 엄마는 직관적이고 즉흥적인 사람이라 이런 사실의 공지를 전하면 뇌의 종합적 사고를 통해 반응을 보이는 사람이 아니다.

말을 듣는 전후 짧은 시간 동안 주로 하던 생각에 맞춰서, 듣는 얘기에 대한 반응을 순간적으로 보여 주는 사람이다.

예를 들어, 내가 육아 휴직에 대한 말을 할 때, 봄봄이를 보며 '우리 손주 고생하겠네'라는 생각이 지배하고 있으면, 나의 육아 휴직에 대한 반응

은 '휴직 찬성' 이런 식이다.

고로 나중에 반응이 바뀔 수 있다는 거다. 어쨌든 본가 동보 9부 능선을 넘었다.

아부지 반응이 의외다. 와이프가 복직하면 유사시 아부지가 봄봄이를 봐 주시기로 했었다(엄마는 바쁘다. 누나들 육아를 도우신다). 오히려 그런 부담이 적어서 좋아하실 줄 알았는데… 유보적이다.

아들의 사회 생활이 걱정되시는 눈치다. 하지 말란 말도 안 하시지만 찬성하지도 않으신다.

아부지에 대해 설명하면 4형제 중 차남으로 매우 무뚝뚝하시며 호적상의 어드밴티지(어릴 땐 2년 꿇으셨겠지만 말년에 부러운) 덕분에 공기업에 40년째 다니고 계신다. 내년에 퇴직. 정부 정책에 순응하는 공기업에 평생 계셨던 분이라 사기업 다니는 아들의 장래가 불안한가 보다.

네 거친 생각과 (육아 휴직)~ 불안한 미래와~ 🎵

아부지 심정인 거 같았다.

뭐… 손주를 엄청 끔찍히 여기시는 분인데, 손주를 위하는 행위임에도 불구 아들이 걱정되시나 보다.

나는 1남 3녀 중 막내로 아부지의 강력한 주장에 의해 태어났다. 아들 초바라기 아부지로, 누나들 있다고 설거지 한번 내게 안 시키신 분인데 손자 생기고 나서 나는 개털 신세. 아부지는 나한테 전화해서 놓고 봄봄이 안부만 물으신다.

내 안부는 안 궁금하느냐고 질문하면

내가 한다! You가 한 육아

"응, 하나도 안 궁금해."

장난 같지만 진심이다.

나는 2017년 4월 25일부로 개털이 되었다.

그리고 드디어 지난주에 확정 통보를 했다. 식사하면서 육아 휴직 쓴다고. 다행히 엄마의 반응은 지난번과 같았다. 하지만 그때처럼 환영하는 건 아니고 잘됐다고. 아빠는 전과 동일했다.

어찌 됐든 본가 통보까지 마쳤다.

이제 처가에 말하는 것만 남았는데, 걱정이 많으신 분들이라 심히 걱정이다. 곧 오는 설 때 말하려 한다. 허들 2인 회사 통보는 진행 중이라 다음 에피소드에 쓰기로 한다.

EP. 03 육아 휴직 회사 통보 1

일기를 쓰려 했는데 본의 아니게 주기(週記)가 되었다.

매일 일어나는 일에 대해 쓰고 싶었는데, 아직 휴직 스타트 전이라⋯ 출근길에 공부하고 하다 보니 짬나는 금요일에만 겨우 쓰게 된다. 휴직 하면 꼭 일기를 쓰는 걸로!

오늘은 지난번 허들 3에 역행해서 허들 2에 대해 써 본다. 허들 2가 아직 완결이 안 되어 진행 중인 관계로 회사 통보 편은 본의 아니게 나눠서 써야 할 듯하다.

내 육아 휴직의 목표는 3월 1일자로 일을 쉬는 것이다.

이유는 다양하다. 와이프가 3월 1일부터 복직해야 한다. 같이 어디 좀 놀러가려고 한 달 정도 먼저 쓸까 했는데 여러 현실적인 문제들이 걸린다.

우리 회사는 연봉 조정이 1월에 있기 때문에 그때부터는 급여가 오른다. 그런데 그게 왜?

사람 일은 모른다.

우주 절대 원칙인 케바케(Case by case)와 버금가는 '사람 일 어떻게 될지

모른다'는 대원칙에 따라 길고 긴 1년간의 휴직 중 그만둘 가능성까지 고려해야 하므로, 퇴직금 산정 기준인 휴직 전 3개월 평균 임금을 끌어올려야 한다.

1월, 2월 급여를 온전히 다 받는다면 2월부터 휴직해서 11월, 12월, 1월의 평균치를 받는 것보다 평균 급여가 올라간다. 뭐 얼마 차이나겠냐마는….

그리고 작년과 다르게 육아 휴직 기간은 출근한 것으로 간주하기 때문에 연차도 내년에 그대로 발생된단다.

노동법상 연차는 전년도 80% 이상 출근해야 부여되는 수혜적 조항이라 휴직 중에는 출근이 아니어서 내년에 복직해도 휴가가 원칙적으로는 없었다. 그러면 올해 연차를 아껴서 내년에 복직해서 쓸 휴가를 남겨 뒀어야 했는데, 올해 제도가 바뀌면서 육아 휴직 기간은 출근으로 간주된다고 한다(회사마다 다를 수 있음. 복지 등에 따라 회사 by 회사. 회바회?).

따라서 결론은

내년은 내년의 연차가 생긴다.

2년간 고생한 와이프와의 여행은 휴직을 당기지 않고 올해의 연차로 대신한다. 연차도 소진하고 평균 임금도 올리고. 가슴은 뜨겁게 머리는 차갑게.

이젠 시기도 정했다. 회사에 알리기만 하면 된다. 회사에 통보를 하기에 앞서 잠시 팀에 대해 백그라운드를 써 본다.

우리 팀은 올해 1월부로 옆 팀의 일부 조직과 합쳐졌다.

팀장도 그 합쳐진 팀의 팀장님이 통합 팀장으로 되셨다. 14명이었는데 22명으로 늘었다.

합쳐지기 전에도 인사 이동 적체가 심했다. 14명 중 팀장, 서무 여직원 빼고 12명 중에 5명이 4년 가까이 돼 가고, 한 명은 타 계열사로 이동하겠다고 난을 일으켰다(퇴사 불사 정신으로 태업 중이었으나 현재 난은 진압됐다. 저쪽에서 안 받는단다. 올해 2차 난을 계획 중).

또한 나를 포함한 두 명은 다른 팀에서 데려가려고 우리 팀장님께 오퍼 넣는 중이고, 한 명은 현장 보내 달라고 하는 중이다.

3년 주기로 사람들 로테이션하는 게 회사 정책인데(강제성은 없음), 시기가 지난 사람과 타 팀 오퍼 와서 떠나겠다고 손든 사람이 8명. 남은 자들도 3년만 지나길 목 빠지게 기다리고 있는 상황.

거기에 합쳐진 팀원들도 상당수 3년 넘었다는 게 문제. 결론은 다 떠나고 싶어 한다는 것. 팀의 거의 100%가 이동을 원한다.

6·25때 피난 가듯, 명절 때 민족 대이동처럼 다들 떠나야 한다는 본능으로 날이 서 있다. 이유는 말할 수 없다. 한두 가지가 아닐 것.

오래된 사람은 '선입선출이다'라고 부르짖고, 3년 안 된 사람은 '가는 데 순서 없다' 하고 있는 상황이다.

어디 죽으러 감?

내가 육아 휴직 쓰려고 이리저리 상황을 살펴보고 팀에서 빠질 경쟁자를 탐색해 보는 과정에서 발견한 사실. 위에서는 사람을 보낼 생각이 없다는 것. 윗사람이 좋아하는 사람, 싫어하는 사람 불문!

내가 한다! You가 한 육아

우리 팀은 군함도였다.

죽어야만 나갈 수 있다.

여기서 나가야 한다는 생각이 솟구쳤다. 인사 이동이라는 게 놔주는 팀이 칼자루를 쥐는 거기 때문에 군함도팀 팀장이 잡으면 방법이 없다.

그래서 나온 묘안이 육아 휴직이다. 드디어 이유를 찾았다. Ep. 01 육아 휴직 결심 편을 쓸 때는 내가 왜 이 결정을 했는지 정확히 몰랐는데, 일기(일기라 쓰고 주기라 읽는다) 쓴 지 3주 만에, 휴직 결정한 지 한 달 만에 이유를 찾았다. 일기를 쓰는 이유다.

나는 아이를 위해 휴직을 한 게 아니었다. 오로지 나를 위한 휴직이다. 반성한다.

아무튼, 그런 배경을 가진 팀에서 나의 육아 휴직 통보는 많은 사람들에게 충격을 준 듯하다. 실제 통보 순서대로 써 보면 다음과 같다.

1번째 사수(차장급)

2번째 실장(상무급)

3번째 팀장(책임 부장급)

4번째 섹션장(부장급)

직장 생활을 해 본 사람이라면 통보 순서에서 뭔가 잘못됐다는 걸 눈치 챘을 것이다. 앞서 말했듯이 군함도팀에서 탈출하려는 사람들이 많다 보니 기회가 생길 때마다 통보를 했다. 보고 라인이 무너졌지만 어쩔 수 없다. 군함도팀에서 질서 지키려다 내 탈출이 수포로 돌아갈 수 있었다.

강력한 라이벌이 여러 군데 포진해 있었다. 군함도팀 팀장이 변덕이 심해서 몇몇은 보내고자 한나는 소리가 들렸다. 조식 개편이 널 끝나 타 팀과 업무분장을 다시 한다는 소리도 들렸다.

혼란기, 내가 살아 나가야 했다.

법으로 나갈 권리를 가진 나에게 인정으로 호소할 가능성을, 질서를 무너뜨렸다는 분노를 유발해 차단하려는 생각도 있었다.

내 전략은 효과적이었다. 화를 내지도, 인정에 호소하지도 않았다. 그냥 나에게 실망한 눈치다. 그들에게 무한한 실망감을 안겨야 한다. 날 붙잡지 않게 해야 한다. 그래야 살아 나갈 수 있다.

Ep. 04 육아 휴직 회사 통보 2

오늘은 우리 아들이 외할머니댁에 다녀왔는데, 거기서 한참 노시더니 집에 오는 길 카시트에 앉자마자 주무시고 집에서도 계속 주무신다. 원래 카시트에서 빼면 깨서 다시 재우기 매우 어려운 분인데, 오늘은 정말 편안한 마무리가 됐다.

어제에 이어 휴직 회사 통보 편을 이어 본다.

1. 사수 반응

가장 먼저 내 사수에게 말씀을 드렸다. 내 사수는 우리 회사에서 내가 8년간 본 사람 중 인성 Top of top인 분이며, 내겐 막내 삼촌 같은 분이다. 나에게 현재 일을 가르쳐 주신 분이고, 모든 결정에 동의해 주시는 아주 고마운 분이다.

휴직을 쓴다고 고백했다. 반응은? 뭐 여전히 내 의견에 동의해 주시고 인정해 주신다. 물론, 내가 휴직을 쓰면 그가 내 업무의 상당 부분을 후임이 올 때까지 커버해야 한다. 하지만 큰 업무는 작년에 내가 다 끝냈기 때문에 이분에게 큰 임팩트가 없는 시기이기도 하다.

동의해 주시고 인정해 주시지만 사수로서 나한테 어떤 문제가 될 수 있는지에 대한 조언도 없다. 내가 결정 끝낸 일에 부담을 느낄까 봐 그럴 것이다. 우리는 작년에 조직 개편을 하며 우리 군함도팀의 팀장이 새로운 분으로 바뀐다 했을 때, 같이 어떻게 하면 이곳을 빠져나갈까 고민했었다. 이 형은 진심으로 나의 탈출을 축하해 준 거라고 믿고 싶다.

2. 실장님 반응

나와 친하다. 나만의 생각일 수도 있지만, 그가 날 편하게 생각하는 건 맞는 거 같다. 나도 그가 불편하지 않다. 실장님과 다이렉트로 단독 대면해야 하는 업무를 1년 반을 했으니… 그 형도(난 다 형이다) 내가 불편하고 마음에 들지 않았다면 나를 1년 반 동안 쓰지 않았을 거라 생각한다. 그간 욕도 많이 먹고 구박도 받았다. 그 과정에서 찾아온 친근감이라고 생각한다. 가끔 저녁도 둘이 먹는 사이다.

작년부터 나의 타 팀 이적에 대한 이야기가 나오고 있었고, 전임 팀장이 그 사실에 대해 언급했었나 보다. 요 며칠 내 이동에 대해 넌지시 물었던 그다. 개인적인 친분이 있다고 생각하니 신임 팀장에게 말하기 전에 먼저 말해야 되나 딜레마에 빠진다. 그 다이렉트 단독 대면 업무 수행 중에 내 이동을 또 언급하신다.

찬스다. 육아 휴직 계획을 고지한다.

> "아… 실장님…. 제가… 음… 그… 뭐시냐….
> 육아 휴직을… 좀…."

육아 휴직에 대한 수많은 이유를 준비해 온 나다. 왜 휴직이 필요한지 사실을 근거로 (과장은 해도 거짓말은 하지 않는다) 예상 가능한 만류를 되받아쳐낼 만반의 준비가 됐었다.

"그래? 음··· 아쉽게 됐네···."

응? 살짝 놀란 얼굴에도 불구하고 이유를 묻지 않는다.

마치 말대꾸 꼬박꼬박 하는 밉상 직원이 그만둔다고 했을 때의 반응이랄까?

내가 그와 함께한 3년 반의 시간과 온갖 멸시와 구박을 견뎌온 1년 반이라는 시간이 스쳐간다. '우리가 함께한 그 시간은 아무것도 아니었나' 싶다. 가는 놈 잡지 않겠다는 임원만의 품위 유지 같았다.

아니다. 가장 가까이서 그를 봤던 나는 알 수 있다. 그는 분명 아쉬운 얼굴이다. 하지만 끝까지 당황하지 않은 척 포커페이스를 유지한다. 괜히 상무까지 올라간 게 아니다. 이 사람 내공이 엄청나다.

나는 그렇게 인정으로 뿌리치기 어려울, 가장 힘들 것만 같았던 통보 대상 1과 2를 순식간에 정리했다.

3. 신임 군함도팀 팀장(現 팀장)

나의 커리어 중 나의 팀장이라고 간주된 지 10일 남짓 된 사람이다. 내 통보에 반응이 격할 수 있다. 그의 밑에 있던 기존 팀원들의 평소 표정을 보면 알 수 있다. 새로 우리 팀의 팀장이 됐는데 기존 인원이 휴직을 쓰면 좋아할 사람이 없다는 건 충분히 추론이 가능하니.

이 신임 팀장에게 말할 때 녹음을 준비했다. 혹시 나에게 폭언이라도 하면 녹음 파일을 고용노동부에 고이 보내 드릴 생각이었다. 아니면 다른 사람들 다 있는 데서 개기는 것도 방법이다.

몇 달 전 타 팀에서 육아 휴직 쓰겠다는 남자 직원에게 폭언을 한 신임 팀장이 팀장 된 지 6개월 만에 징계로 자리를 내놓은 일이 있었다.

좋은 회사다. 조용히 면담을 신청하려 이메일을 보냈다.

"팀장님, 조용히 면담 신청합니다."

아주 은밀히

"JK 대리! 면담하자고? 회의실 가야 되는 거야?"

샤우팅 시전

난 분명 이메일에 볼드랑 밑줄까지 쳐서 '조용히'라고 썼다. 문맹인가.

이제 우리 팀 전원이 내가 그에게 무슨 말을 할지 궁금해한다. 마침 이 시기는 타 계열사 이동을 위해 난을 일으킨 김 과장의 태업 피크 시점이었다.

조심스레 입을 뗀다. 육아 휴직을 쓰겠다고.

온갖 회유가 이어진다. 모 대리는 아들 태어나자마자 일하는 아주머니를 썼다나… 내 아이만큼은 그러고 싶지 않다는 심정을 이해하지 못한다.

내가 한다! You가 한 육아

자기 아이들 다 컸으니 이제 커 가기 시작하는 아이들 부모의 심정을 이해하지 않는다.

나도 물러서지 않는다. 법이 보장하는 테두리 안에서 내 권리를 주장한다. 뭔가 아쉽지만 받아들이는 눈치다. 받아들이긴 하지만 뭔가 남은 찝찝함이다.

나의 주장이 일단락된다. 뒤에서 뭐라고 욕을 할지언정 내 권리 주장에는 영향이 없다. 앞서 권리를 주장한 선배들의 인내와 고통이 지금의 평탄함을 누리게 했으리라…. 권리를 누리기 위해 많은 희생이 있었음을 느낀다.

휴직을 통보한 지 일주일 후. 팀장이 나를 거칠게 부른다. "JK 대리!"

내가 무슨 잘못이라도 한 줄 알았다.

"상무님이랑 친했나 봐?"

그 형이 내 실망감에 응답했나 보다. 팀장님이 나를 급히 찾더니 그분이 나를 붙잡으라 했는지, 휴직을 안 할 수 없느냐고 묻는다. 자기는 포커페이스를 유지하더니 팀장 시켜서 나를 설득하라 했나 보다.

아무 말도 하지 않았다.

나 혼자 그를 친하다 생각한 게 아니라는 안심과 나 혼자 그와 이 조직을 좋아한 게 아니라는 안도가 공존한다.

나더러 휴직을 재고하라고 하신다. 아무 말 하지 않았다. 여지는 없다. 휴직을 강행한다. 2주가 지난 오늘 휴직원을 가지고 결재권자인 군함도팀 팀장에게 간다.

그도 어쩔 수 없다. 이젠 전력 외다. 나를 떠나보낸다는 아쉬움 섞인 결재를 한다.

결재가 끝났다. 나는 이세 사유다.

회사 통보 3편에서 계속.

Ep. 05 육아 휴직 처가 통보

아직 회사 통보 편이 현재 진행형인 관계로 오늘은 지난주에 넘은 허들 3에 대해 적어 보고자 한다(좀 지겹기도 하고 화제의 전환이 필요하다).

지난 주말 처가집에 다녀왔다. 아기 있는 집은 공감하겠지만 특별한 이유가 없다. 아이가 답답해하니 밖엔 가야겠고, 롯데몰이나 스타필드 등 쇼핑몰은 지겹고 밖은 춥고. 우리 집보다 훨 넓은 대궐 같은 외할머니댁에 가는 게 아이에게나 나에게나 해피하다(우리 집은 19평이지만 재건축을 앞둔 옛날 복도식이라 체감은 10평이다. 여기서 어찌 번식을 하고 살았는지…).

겸사겸사 내 휴직도 알릴 겸 처가로 향한다.

두둥! 오늘 드디어 마지막 허들 넘기 시전

처가 근처 고깃집에서 점심을 먹었다. 집에 들르지 않고 바로 식당으로 간다. 아버님 어머님도 시간을 맞춰 와 주셨고, 고기를 구워 먹는 와중에 와이프가 한마디 던진다.

"봄봄이 아빠 휴직하기로 했어."

찰나의 순간 정적이 흐른다. 재빨리 와이프가 말을 잇는다. 우리가 이사할 때까지 한 4개월 정도만 할 예정이고 겸사겸사 팀도 옮길 겸 그리됐다고 덧붙인다(원래는 1년 계획).

'혹시 사위 회사 생활에 문제가 생길까', '힘들어지지는 않을까…', '그러면 내 딸도 힘들어질 텐데…' 정도의 걱정이 먼저 나올 줄 알았다. 아니었다.

"그럼 더 마음 편히 복직할 수 있겠네~."

딸의 마음 편한 복직에 대한 기쁨이 앞선다. 그리고 조금 뒤에 물으신다. "불이익은 없을까?"

내가 대답한다. 요즘 남자도 많이 쓰는 추세이고 (보이지 않는 불이익이 있을 뿐 대놓고 하는) 불이익은 없다고.

앞선 일기에 적은 대로, 처가는 겉으로는 쿨하게 자식들 결정을 받아들이시고 뒤에서 엄청 걱정을 하시는 편이긴 하다. 그런데 이번엔 정말 쿨하셨던 거 같다.

불이익에 대해 물으셨을 때는 고기를 상추에 싸 드시면서 스치듯 물으셨을 뿐이다. 사위의 능력과 역량을 믿어 주시는 그동안의 생각이 반영된 것이라 생각하겠다.

그렇게 심리적으로 가장 어려울 것만 같았던 허들 3을 넘었다. 왜 이런 반응이었는지 생각해 봤다.

장모님은 늘 아내의 복직에 신경을 쓰셨다. 아기 봐 주시겠다며, 좋은 자리 나오면 어서 나가라고 등 떠밀어 주셨다. 여자는 일을 해야 한다고 생각하신다. 그래서 그런지 나의 휴직 결정이 와이프에게 가장 좋은 선택이었다고 생각하시는 듯하다.

처가집 얘기가 나온 김에 아내에 대해 몇 가지 얘기할 필요가 있을 것 같다. 결혼하고서 처음 처가에 방문했을 때의 일이다.

우연히 어머님 핸드폰을 보게 됐는데 와이프를 저장한 이름이 '이쁜 딸'이었다. 너무 놀라서 급히 아버님 핸드폰도 보았다. '딸내미'였다.

내가 30년간 살며 받은 가장 큰 문화적 충격이었다.

'딸'이라는 명사에 애정 가득한 수식어가 앞뒤로 붙는다. 귀로는 가끔 듣지만 문자화된 기호로 난생 처음 보는 조합이다.

그렇다. 그녀는 엄청 엄청 귀한 딸이었다.

신혼 여행 다녀오자마자 직감적으로 느꼈다. '뭔가 크게 잘못됐다'.

잘못하면 평생 떠받들어 모시고 살아야 하거나 장인, 장모님에 의해 와이프에게 효도를 해야 할지 모른다는 심한 압박이 온다.

5년째 같이 살면서 들어 온 그녀의 성장 환경은 더 하다. 시험 기간에 일찍 안 깨웠다고 부모님께 화를 냈었다거나(분명 깨워 주셨는데 자기가 도로 잔 거임) 아버님이 딸'내미' 스쿨버스 놓칠까 봐 차로 항상 스탠바이 하시거나 아버님한테 한번도 안 혼나 봤다는 등의 일화다. 선수 보호 차원에서 더는 말하지 않겠다(내 일기는 모니터링되고 있다).

우리 본가에서는 상상도 할 수 없는 일. 시험 기간에 안 깨웠다고 저랬으면 아들이고 나발이고 최소 귓방망이 각이다.

이쯤 되면 그녀는 공주 대접 받고 컸다는 걸 깨달을 수 있다. 나는 여자와 결혼하려고 했지 공주와 결혼하려고 한 게 아니다. 평생 모범적인 루트를 걸으며 최선의 선택만 했던 내 인생 최대의 실수를 저지른 건가 싶었던 순간이다.

하지만 다행스럽게도 아버님과 어머님은 우리 부부에게 전혀 간섭하지 않으신다. 내가 딸에게 잘하길 바라시겠지만 못해도 잘한다 생각하시고 나를 예뻐해 주신다. 그리고 이 여인네… 생각보다 매우 독립적이고 상식적이다.

대우받으려 하지도 않고 부모 도움 받는 것도 싫어한다. 공주처럼 키우셨지만 공주는 아니었던 것이다. 다행이다.

허들 3을 설명하다가 와이프 성장 배경까지 나왔다. 나와 와이프 얘기를 조금 더 쓰고 마무리해 본다(그녀의 이야기는 그녀의 허가가 나야 오픈된다).

그녀는 공주는 아니었지만… 쎄다.

쎈 사람이다. 귀한 딸과 귀한 아들이 만났다. 서로 제대로 된 적수를 만난 거다.

고수는 고수를 알아보는 법····.

30살 2월 무렵 소개팅 제의를 받았다. 동갑에 은행원이란다. 직업만 들어도 감이 온다. 여초 집단에서 수년간 견뎌 온 그녀다. 굳이 성장 배경까지 끌고 오지 않아도 쎈 사람이라는 건 추측 가능하다.

내가 한다! You가 한 육아

사진을 봤다. 역시나 쎄다. 칼단발에 맞바람을 뚫어 낼 것만 같은 큰 눈을 가졌다. 거기서 수년간 견뎌 온 게 아니라… 그곳을 평정해 온 것만 같았다.

나도 쎄다.

1남 3녀 중 막내로 누나들과 살아 오며 직간접적으로 십수년간 전투력을 쌓아 온 나다. 엄마 빼고 여자랑 말싸움해서 져 본 적이 없다.

엄마라서 내가 져 준 게 아니라 이길 수가 없다. 굴곡진 삶에서 온 경험과 지혜가 만렙이다. 큰누나와 작은누나를 남겨 두고 군대에 간 아빠를 대신해 시어머니와 시동생들과 함께 살며 온갖 풍파를 견뎌 온 사람이다.

논리로 안 통하면 양손이 시간차를 두고 얼굴로 날아온다. 도무지 이길 수 없는 상대다.

내 인생에서 이길 수 없는 여자가 한 명 더 생겼다. 지금의 그녀다. 서로 쎄다는 걸 알기에 서로 이기려 하기보다 안 건드리려고 노력한다. 자존심 때문에 끝까지 싸워서 승리를 쟁취한들 희생도 크다는 걸 서로 안다.

곰이랑 호랑이랑 싸워서 누가 이긴들 무슨 의미가 있는가? 둘 다 최소 중상이다.

연애 기간 포함 5년을 봤는데 싸운 건 한 손에 꼽는 거 같다. 서로가 감싸고 아끼고 희생하는 정신도 있겠지만, 각자 다른 사람과 문제가 생겼을 때 상대(희생자들?)에게 어찌하는지 수차례 봐서 그럴 것이다.

우린 앞으로도 현명하고 전략적으로 평화로울 것이다.

(앞으로도 행복하게 살자, 여보.)

처가 통보 클리어.

Ep. 06 육아 휴직 회사 통보 3

이제 회사 통보 에피소드를 마무리하려고 한다.

어제 날짜로 회사 내 모든 행정 처리가 완료되었다. 휴직 상신하고 팀장님한테 서면으로 서명받고, 육아 휴직 급여 신청서까지 인사팀에 내고 나니 내가 신청한 휴직 개시날에 안 나오면 된단다.

응? 무슨 구멍가게임?

확인 통보와 더불어서 나에게 이런저런 휴·복직 가이드를 줄 줄 알았다. 나한테 개별 승인 연락이 오냐고 물으니, 휴직 개시 날짜가 되면 알아서 나오지 말란다. 휴직자가 마음 편히 신경 쓰지 말라고 이런 무통보 시스템을 도입했나 보다.

눈치껏 다시 돌아오지 말라는 거 같은 건 내 느낌이겠지.

2019년 3월 4일부터 2020년 3월 3일까지 육아 휴직이다. 더불어, 2월 21

일부터 28일까지 내 연차를 소진하여 2월 20일부로 올해 나의 출근 일정은 끝난다.

많은 분들이 많은 반응을 해 주셨다. 동기들을 비롯한 친한 사람들은 다들 '멋있다', '부럽다', 나이 든 분들은 좋은 선택은 아니라는 말씀을 해 주신다(그쪽도 예전에 자식 키우시면서 육아 휴직을 신청하지 않은 게 좋은 선택은 아닌 거 같거든요?).

우리 군함도팀 팀장님은 계속 육아 휴직 기간에 다른 거 하는 거 아니냐는 의심의 눈초리를 보내신다. 그리고 더해서 농담 반 진담 반으로 우리 팀 22명한테 밥 쏘고 가라고 말한다.

총 반, 미사일 반으로 확 쏴 버릴까.

도대체 무슨 생각으로 저런 말을 하는지.

1월 초 최초 고백부터 모든 행정 절차가 끝난 지금까지 다양한 사람들의 반응을 들었다.

가장 많이 들은 말은 '멋있다'이다. 본인들도 쓰고 싶은데 쓰지 못해서 나오는 반응일 테다.

나처럼 이 회사에서 크게 되길 포기하면 간단하다. 아니다. 난 포기한 게 아니다. 회사에서 성공하는 것에 아무 영향을 미치지 않는 아랫것 신분일 때, 휴직도 써 보는 게 오히려 인생에서 성공할 가능성이 크다고 생각한다.

모 과장이 나한테 부럽다고 하길래 "과장님도 쓰시죠"라고 했더니 "난 절대 못쓰지~"라고 말한다. 무슨 의미인가? 그대가 절대 휴직 못 쓰고 회사에 목맨다고 인생에서 성공할 수 있는 것은 아니라고 말해 주고 싶다. 주변 동기들은 의식이 많이 바뀌었는지, 자기도 쓸 거라고 해 준다. 밀레니얼 세대답다.

어쨌든 회사에서 휴직 절차를 거치다 보니 아빠가 육아 휴직을 자유롭게, 당연스럽게 쓸 수 있는 환경은 아직 아닌 거 같아 마음이 매우 씁쓸하다.

출근하는 날이 오늘 빼면 10일이다. 느낌이 이상하다. 8년째 정든 회사를 떠나는 기분. 다신 못 돌아올 것만 같은 느낌은 왜일까.

아무튼 싱숭생숭한 요즘이다. 회사 통보편을 마무리하려고 하는데, 너무 허무한 마무리 같아 내가 '돈나물'이라는 별명을 붙여 준 동기에 대해 적으며 마무리하려고 한다.

와이프가 3월 4일 복직인 관계로, 2월 21일부터 휴가를 써서 남은 시간 동안 우리 세 가족 여행을 떠나기로 했다. 이 추운날 삿포로에. 더운 나라로 갈까 하다가 그동안 한번쯤은 가보고 싶었던 삿포로로 간다. 일본을 무려 5박 6일로.

비행기를 타고 가는 데에 작은 문제가 있다.

우리 아들이 워낙 활발(?)하셔서 작년에 이코노미 타고 제주도에 갔을 때 50분 비행이 매우 힘들었던 기억이 있다. 아… 비즈니스를 좀 타 보자 싶었다. 이거 안 그랬다간 3시간 비행이 악몽이 될 지경.

와이프가 쌓아 놓은 마일리지를 봤더니 4만 1천 얼마, 내가 3천 얼마. 마일리지로 한 명을 비즈니스 끊고 다른 한 명만 결제하려고 했는데, 일본까지 비즈니스 마일리지 4만 5천 중 200 마일리지가 모자르다.

나는 비행기랑 안 친해서(4시간 넘는 이코노미 비행은 너무 힘들다. 앞사람이 의자라도 젖히면 내 무릎은 대역죄인이 된다) 마일리지를 추가로 쌓는 방법을 몰랐다.

내 와이프도 항공사 마일리지는 오케이 캐시백처럼 돈으로 살 수 없다고 한다. 아뿔싸… 비즈니스를 두 개를 끊으면 이제 월급도 안 나오는데 여행 후 삶의 질이 떨어질 거 같고, 그냥 주제 파악하고 이코노미를 타자니 비행기 내 모든 사람들이 악몽일 거 같고….

그냥 눈 딱 감고 이코노미를 타려고 하는 찰나에 이 돈나물 동기가 답을 던진다.

돈나물 동기는 KB나 오케이 캐시백 포인트를 항공사 마일리지로 바꿀 수 있다고 했다. 그녀(돈나물은 여자다)의 말대로 이렇게 저렇게 했더니 금세 마일리지를 채울 수 있었고, 그렇게 1명은 무료로 티켓을 끊을 수 있었다.

이런 구세주가 다 있나 감탄하던 순간, 자본주의 체제에서 이보다 더 명언이라 할 수 없는 한마디를 툭 던진다.

"돈 쓰는 건 나한테 물어봐."

그래서 돈·나·물이다.

이렇게 간지나는 말을 들어 본 적 있는가? 올해 들었던, 아니 최근 3년간 들었던 말 중에 최고 멋있는 말이었다.

그녀, 소득의 재분배를 적극적으로 실천하는 엄청 멋있는 사람이었다(돈나물 블로그에 가면 맛집 소개도 많다. 이것저것 소득의 재분배를 위해 열심히 사는 요즘 보기 드문 아줌마다. 1년 전 결혼했다). 이런 사람이 많아야 우리나라가 더 평등한 사회로 발전할 수 있을 거라 믿어 의심치 않는다.

돈 쓰는 건 나한테 물어보라니… 동기로 안 지 8년 차, 처음 별명을 붙여주었다. 떠나기 전 큰 선물을 주었다고 생각한다(나만의 생각). 돈나물 아냐고 물어보니 심지어 엄청 좋아한단다. 다행이다.

잘 있어, 돈나물.

우리 회사는 연말에 협력사 대표들을 모시고 큰 송년 행사를 한다. 그때 돈나물과 나는 그 행사를 진행한다.

작년까지 3년 동안 그 행사 MC를 맡았는데, 올해 내가 떠나면 이제 돈나물 혼자 남는다. 올해는 돈나물도 MC 은퇴하길 빈다(잘하면 올해 단독 MC 할 판).

Ep. 07 외벌이에게 육아 휴직이란?

명절이 막 지났다.

내가 1월 한 달 내내 고민했던 것이 무색하게, 가족들은 명절 내내 나의 휴직에 대해 아무런 관심도 보이지 않았다.

자, '외벌이에게 육아 휴직이란?'이라는 타이틀은 붙였지만, 답부터 얘기하면 이렇다.

불가능

우리 군함도팀에는 30대 대리·과장급으로 한정해서 남자 직원이 나 포함 7명 정도 있다. 나 빼고 6명 중에 단 한 명만 맞벌이이고 5명은 외벌이. 이런 현황을 언젠가 와이프한테 얘기해 주자 와이프가 한마디한다.

"외벌이 할 만큼 돈 주는 회사도 아닌데,
왜 그리 외벌이가 많아?"

반박할 수 없었다. 저 말이 팩트임에도 불구하고, 이상하리만큼 우리 팀은 외벌이가 많았다.

A. 과장 1년 차, 딸 1명: 처음부터 외벌이

B. 과장 2년 차, 자녀 없음: 작년부터 외벌이

C. 과장 6년 차, 딸 2명: 처음부터 외벌이

D. 과장 2년 차, 딸 1명, 둘째 임신 중: 처음부터 외벌이

E. 과장 2년 차, 아들 1명: 외벌이(와이프가 대학원생)

F. 과장 1년 차, 아들 1명: **맞벌이**

내가 처음 육아 휴직을 하겠다고 소문을 흘렸을 때, 외벌이인 A, B, C, D, E의 반응은 엄청난 놀라움이었다. 자기들도 쓰고 싶다는 진심 어린 말과 함께.

그들은 자신들이 돈을 벌지 않으면 육아 휴직 급여(통상임금의 50%, 최대 120만 원)를 가지고 생활할 수가 없다. 맞벌이인 F는 별로 안 친해서 별도로 대화를 나누진 않았다.

외벌이 다섯 과장 중에 진심 어린 대화를 나눠 본 3명은 외벌이인 자신의 상황에 대해 중간중간 속내를 보여 준 적이 있었다.

회식 중에 과장 A에게 물었다.

"형수는 아이 낳고 바로 그만두신 거예요?"

그는 반쯤 울분에 차서 대답했다(술도 별로 안 했다).

"처음부터 놀았어!"

정색 + 역정

내가 한다! You가 한 육아

놀랐다. 내가 뭘 잘못했는가?

그는 곧바로 아이 보는 것을 가지고 놀았다 표현한 것에 대해 약간 미안함을 보여 주기는 했다. 무엇이 그를 화나게 한 건가?

그는 늘 사무실에서 뭔가에 쩔어 있는 듯한 얼굴에, 5분 전에 누구한테 맞은 것 같은 차분함을 가졌다. 대화를 해 보니 회사 생활을 오래 하고 싶어 하지 않았다(그렇다고 뾰족한 수가 있어 보이지도 않았다).

과장 B는 저 중에서 나랑 가장 친하다.

많은 얘기를 나눈 사이다. 결혼한 지는 2년이 막 지났고 형수가 일을 관둔 지는 한 4개월쯤 됐다. 그는 늘 억울한 얼굴이고 팀장님이 뭔가 물으면 과하게 긴장한다. 정년까지 일하고 싶어 하고 인정받길 원하는 사람이다.

형수는 작은 회사를 다녔는데, 그녀가 일을 그만둔 때부터 그는 늘 내게 괜찮다 하면서도 울분을 자주 토해냈다. 집에서 놀기 시작하더니(정말 논다) 하루 종일 홈쇼핑만 본단다.

하루는 나에게 그녀가 홈쇼핑에서 과일껍질 까는 기계를 샀다고 엄청 분노를 표현한 적이 있다. 과일을 못 깎아서 홈쇼핑에서 그런 걸 사냐고 (파인애플 깎는 기계 아님)….

그녀가 다른 일을 해 보겠다고 직장 그만두기 전부터 수개월간 지출한 학원비부터 해서 그도 쌓인 게 많다. 요즘은 그녀가 운전면허를 딴다고(그녀는 32살이다) 100만 원 가까운 돈을 학원에 보냈다고 한다(3개월 할부인 건 비밀).

이뿐만 아니다. 많은 남자들이 회사 사람들과 가족 얘기를 한다. 내가 말하라고 사정한 것도 아니다. 마치 잔뜩 흔들어 놓은 맥주 따르듯, 살짝 안부만 물었을 뿐인데 T.M.I.(Too Much Information)로 다양한 얘기를 넘치듯 얘기한다.

안물 안궁

그래도 들어줘야 한다. 안 물어봤어도 예의상 물어봤어도 헤비(Heavy)한 대답이지만 들어줘야 그들도 숨을 쉴 수 있다.

이들의 울분을 보며, 사랑하는 아내가 집에서 애를 보거나 애는 없지만 뭐라도 해 보려 노력하는데 이렇게까지 생각할 거 있냐며 쩨쩨하다고 할 수도 있을 것이다.

그런데 그들이 회사에서 윗사람한테 털리는 걸 보면 그렇게 말하면 안 될 거 같다. 내가 팀장에게 안 좋은 감정이 있는 건 아니고 팩트만 얘기해 보면, 좋아하는 사람이건 싫어하는 사람이건 사소한 걸로 불러서 심하게 깬다. 눈은 똥그래 가지고 말려 죽일 듯 다그친다(붕어상이다).

> "누가 이렇게 시켰어?"
> "누가 결정했어?"
> "네 맘대로 그렇게 한 거 아냐?"
> "그건 허위보고잖아?"

저 말이 맞든 틀리든 시뻘건 선지색 피부에 붕어같이 생긴 사람이 다그치고 쪼면 과장 말년차여도 아무 말 못한다. 그냥 넘어갈 수도 있고, 그냥 간단히 지적만 해도 될 걸 엄청 깬다. 다들 팀장에게 갔다 오면 얼굴에 억울함과 한이 가득해져 있다(반만년 恨민족).

꼭 저렇게 누구한테 깨지지 않더라도 승진에서 오는 스트레스, 주변 사람과의 비교 등 많은 고충이 있다.

여자들도 할 말이 있다.

"니가 애 봐. 내가 돈 벌게."

애 보는 게 보통 힘든 일이 아니다. 집안일은 해도 티 안 나고 잘해야 본전.

그리고 여자에게 가장 큰 임팩트는 출산 후 변한 자신이라고 나는 생각한다. 피부와 몸무게는 노력으로 어느 정도 돌아올 수 있으나 영원히 돌아오지 않는 것도 있다(나도 와이프의 14개월 완전 모유 수유로 인해 소울메이트 B 둘을 잃었다. 자세한 설명은 생략한다).

여자라고 남편 불만이 없겠는가?

다만, 남자는 이게 와이프 욕인 걸 아는지 모르는지 술 마시며 담배 피우며 말해야 풀리고, 여자는 남편 욕이 내 욕이겠거니 생각하고 주변에 말을 잘 안 하는 게 남녀의 차이 아닐까? (그 역도 성립.)

남자, 여자 둘 다 불쌍하고, 두 입장 모두 이해한다. 둘 다 힘들다. 회사든 집이든. 외벌이든 맞벌이든.

이쯤 되면 결혼은 왜 했나 현타가 온다.

어쨌든 나는 결혼을 했고 아이를 봐야 하지만 (그중에 반은 또 어린이집이 봐 줄 것이고) 내가 휴직을 할 수 있는 것에 감사한다. (고맙다. 맞벌이 마누라야.)

부부란 서로 힘든 전쟁 같은 삶에서 만나, 함께 버텨 내고 이겨 내고 견뎌 내는 과정 속의 큰 인연인데 서로 아껴 줍시다.

서로가 아니면 아껴 줄 사랑도 없어요.

처음 그(그녀)를 봤던 그때처럼.

Ep. 08 우리 아이의 단골 병원

　오늘은 간만에 63빌딩 아쿠아리움과 전망대에 다녀왔다. 위메프 특가로 인당 3만 원짜리가 1만 8천 원이라서.

　아니다. 싸서 간 게 아니고 가려고 찾다 보니 싼 게 있었다.

　우리 부부는 소비 습관이 비슷하다. 물욕이라는 게 별로 없다(핸드폰, 교통비 빼고 한 달 용돈 20만 원). 진짜 필요한 거 아니면 잘 사지 않고 그렇다고 구두쇠도 아니다. 남들한테 잘 베푸는 편 같다(지극히 내 생각).

　이번 에피소드는 소비 얘기가 나온 김에 우리 회사 구두쇠 김 과장 얘길 쓸까 했는데(세상엔 다양한 사람이 있다는 걸 새삼 깨닫는다), 봄봄이가 다니는 병원에 대해 써 보려 한다(봄봄이가 이비인후과에 다녀왔다. 코감기 진단을 받았다).

　우리 봄봄이는 태어나고 1년 2개월간 완전 모유 수유를 한 덕인지 우량하다. 충분히 건강하긴 한데 어쩔 수 없이 병원을 찾는 경우가 종종 생긴다.

　아기 있는 집이면 주변에 잘하는 소아과 한두 개는 있어야 마음이 놓이는데, 어른들을 위한 병원도 마땅한 데가 진짜 없다. 하물며 말 못 하는 아기들 아픈 데를 진단해 내기는 여간 어려운 게 아닌가 보다.

오늘 진짜 좋은 아기 병원을 소개할 거다. 두둥!

나의 휴직과 와이프의 복직 사이 교집합 10여 일 남짓. 그 10여일 남짓이 우리 봄봄이 태어나고 근 2년 만에 가장 긴 **공동육아기간**이다.

희비가 교차하긴 하는데, 누가 웃다가 울지, 울다가 웃게 될지 또는 둘다 울지, 둘 다 웃게 될지 아무도 모르는 초긴장 상태의 시기.

그 회색지대(녹색지대 아님. 악! 내 나이)의 폭풍전야 같은 카오스 시기에 가기로 한 삿포로 여행 딱 2주 전에! 아들 코에서 우물이 솟았다. 그것도 쌍우물이.

아, 큰일이다. 여행 시기에 아프면 안 되는데… 그래도 다행이다. 다 낫고 갈 수 있다. 시기적으로 괜찮다고 위로하며 병원에 갔다.

이제 공개한다. 그 좋다던 병원. 성인, 유아불문!

감기엔! 판피린… 아… 아니…

감기엔!

잠실 하○이비인후과

이(귀), 비(코), 인(목), 후(목구멍) 과이지만, 감기는 목감기, 코감기 등 다이 기관들과 관련된 거라 감기엔 이비인후과가 더 낫다.

모 원장님이 특히 우리랑 잘 맞는데 잘 안 나을 때도 있긴 하지만 그래도 이만한 데가 없다고 생각한다! 대기가 길어도 여기로 다닌다. 가정의학과, 소아과 다 다녀 봤는데 여기가 최고.

내가 한다! You가 한 육아

거짓말 좀 보태서 여기서 진료받으면 귀, 코, 목 감기가 훅 간다. 그래서 이비인혹가(이비인후과).

(이거 나만 웃긴 거 아니지? 이런 재간둥이)

아무튼 (쿨럭) 남자 원장님 두 분, 여자 원장님 한 분인데 남자 두 분 대기가 많이 길다. 접수할 때 원장님을 지명하는데, '1번이요', '2번이요' 한다. 무슨 사다리 타기도 아니고.

우리 봄봄이는 병원에서 콧물 빼는 기계나 코 속 보는 기계를 넣을 때 아주 자지러진다. 의사 선생님이나 기계류 등 발의 사정거리 안에 있는 건 발로 다 차고, 소리는 또 어찌나 크게 지르는지(원장님이 우리 아들 목청의 잠재력을 극대화시킴).

끝나고 진료실 밖에 나가면 그 많은 대기 인원이 다 쳐다보는 거 같은 기분… 하필 그 원장님 방은 대기석 정면 가장 잘 보이는 곳일 뿐이고, 와이프는 끝까지 원장님한테 질문하다 늦게 나올 뿐이고(너 이거 전략이지? 이제는 말할 수 있다).

내가 그, 저, 목청 큰, 집기 부수는 것 같은, 애를 안고 문을 열면 그들은 나를 집중할 뿐이고, 난동부린 애는 뒤통수만 그들에게 보일 뿐이고….

숨고 싶다.

아무튼, 감기란 놈이 병원 가면 7일 만에 낫고, 안 가면 일주일 만에 낫는다는 말이 있듯이 병원 간다고 싹 낫는 건 아니겠지만 증상에 따른 적당한 처방과 아픈 부분을 정확히 짚어 주는 거 같은 느낌적인 느낌. 어린아기들한텐 필수 요소인 듯하다. 나도 감기 걸리면 여기 간다(싸랑해요, 원

장님).

이 병원 강추한다. 여자 원장님은 진료 안 받아 봤고 남자 원상님 두 분 다 좋다. 주차도 대기 시간만큼 정산해 준다.

마무리하기에 앞서 그 원장님이 작년에 우리 봄봄이 진료 중에 남긴 명언이나 쓰고 마무리하려 한다. 올해 내 회사 동기 돈나물이 한. 최고 명언 이전에 내 마음을 울렸던 말이었다.

어쩌다 원장님한테 아기 증상이 뭐 원장님 덕에 좋아졌댔나 뭐랬다나 이런 류의 얘기를 했다. 그런데 그가 대답하기를

"치료는 봄봄이가 스스로 하는 거예요.
저는 증상이 완화되게 해 주는 역할만 합니다."

띠용!

송일국 같은 이미지에 나랑 비슷해 보이는 연배에 실력까지 있는 의사가 저런 명언까지. '사기캐'(사기 캐릭터)다. 아무튼, 캐멋있네 이 사기캐.

여의도 63빌딩에서 돌아오는 길. 한강을 따라 새로 지어진 아파트를 보며 '으아, 갖고 싶다(물욕은 없다더니 언행불일치)' 했던 오늘이고, 하도 봄봄이가 칭얼대서 화낸 게 너무 속상한데 저녁 6시부터 밥도 안 먹고 잠들어서 만회할 시간도 없고, 배고플까 안타까운 오늘이다(일기의 요소 '반성' 탑재).

내가 한다! You가 한 육아

Ep. 09 장난감 도서관의 거대한 그것들

이제 정말 육아 휴직에 돌입하기에 앞서 소재가 고갈되어 가는데, 오늘은 어린이 장난감 도서관에 관련된 에피소드를 써 보고자 한다. 본 게임은 3월 4일부터다. 벌써부터 쫄린다. 그때부터는 새로운 에피소드가 쏟아지겠지.

서울시에 거주하거나 서울에 회사를 다니는 사람들을 위해 서울시에서 다양한 장난감을 무료로 빌려주는 곳이 있다.

시영 장난감 도서관은 뭐 여러 개가 있는거 같은데, 송파 같은 경우에는 한 번 빌릴 때마다 일정 금액을 받는 거 같고, 내가 애용하는 을지로 입구역 밑에 있는 서울시 녹색장난감도서관은 1년 간 가입비를 받고 매번 무료로 빌려준다. 벌써 2년째 열심히 사용하고 있다.

와이프가 인터넷을 통해 장난감을 고르면 내가 직접 가서 찾아오고 반납하는 식이다. 예전에는 내가 주중 퇴근길에 들러서 반납하거나 빌려왔고 요즘은 주말에 차를 갖고 가서 반납하고 빌린다.

정회원, 준회원 등의 제도가 있으며, 회원 등급마다 대여 가능 개수와 대여 기간이 달라진다.

아무튼, 이번 에피소드의 포인트는 좀처럼 힘든 걸 잘 모르는(힘들다는 느낌에 아주 무디다) 와이프와 안 그런 나에 관한 얘기다.

우리 장모님은 종손인 우리 장인어른께 시집오셔서 여태까지 수십 년간 명절 및 기일에 제사를 지내셨다.

뭐… 제사 때 6촌, 7촌까지 모여 갓 쓰고 흰 옷 입고 지내는 수준은 아니지만(군함도팀에 갓 쓰고 제사 지내는 사람 실제로 있음. 여기서 인생을 배움), '시' 자 타이틀 붙은 사람들이 몰려오는 사실만으로도 피곤한 그 일을 수십 년간 해 오셨다.

이런 성장 배경에 따라 파생되는 딸의 마인드는 두 가지로 나눠질 수 있다.

1. 제사가 지긋지긋해! 제사 지내는 사람이랑 결혼 안 해.
2. 엄마도 늘 해 오던 거니 나도 뭐 큰 부담 없어.

이렇게 갈리는 핵심 포인트는 제사를 주관하는 엄마의 자세다. 엄마가 엄청 힘들어하면 1번으로, 엄마가 크게 동요하지 않으면 2번으로. (엄마가 힘들어하는 유형이라면, 그 원인은 '시' 타이틀이 붙은 사람들이 그다지 괜찮은 사람이 아니기 때문이겠지.)

장모님은 후자 쪽이었다. 오히려 자신의 음식 솜씨가 없어서 미안하다며(없지 않다. 객관적으로 중상이다) 준비하는 게 뭐 어렵냐고 하신다.

아이 둘 키우면서도 힘든 줄 모르고 키우셨다고도 자주 말씀하신다(주로 "봄봄이 키우기 너무 힘들어요"라고 내가 말한 이후에 말씀하신다. 이거 나 혼나는 거지?).

그러다 보니 와이프도 자연스럽게 제사에 거부감이 없고, 매사 힘든 것에 대해 무감각하다(긍정적으로 말하는 거 아니다). 이 사람 부평에서 종각까지 왕복 2시간 반을 지하철로 몇년간 매일 출퇴근하면서도 힘들다는 생각

내가 한다! You가 한 육아

을 못 해 봤단다.

그래서…

그래서인지… 제사 없는 우리집이…

제사 안 지내고 당일 오전에 갔다가 귀찮아하며 빨리 집에 가라는 우리 엄마가 그녀에게는 별로 큰 메리트로 느껴지지 않는다.

내가 가진 장점 중 거의 Top급 장점인데, 그녀에게 장점으로 어필되지 않는다(마눌님, 누구는 갓 쓰고 제사 지내는 집에서 골빠지게 설거지한다고 합디다).

내 매력 포인트가 무색해지는 걸 얘기하는 게 아니다.

아무튼, 이런 성격과 마인드로 인해, 장난감 도서관에서 장난감을 Pick 하는 솜씨가 종갓집 맏며느리 수준이다(손이 크다 = 장난감 크기가 매우 크다).

정회원은 장난감 3점을 빌릴 수 있다. 기간은 3주다. 두 달에 세 번꼴로 장난감들(복수형임)을 빌리는데, 나는 출퇴근 시간에 이걸 가져다 주고 가져 온다(우리 회사는 9 to 6로 표준 한국 노동 법규 근로 시간을 준수한다).

출퇴근 시간이라 함은. '러시아워(Rush Hour)'라고도 불리며, 영어 사전 은 '혼잡한 시간'이라고 정의한다. 심지어 나는 사람이 가장 많이 탄다는 대한민국 서울의 순환선(2호선)을 타고 출퇴근을 한다.

아직 걷지 못하는 아기에게 다리에 힘이 붙도록 막 제자리 점프를 도와 주는 장난감이 있다.

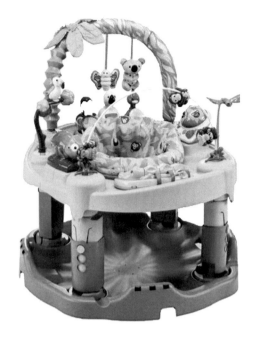

쏘서(Saucer)

유아용 놀이기구. 보행기와 달리 바퀴가 없다. 이동성은 없지만 안전사고의 위험성이 적어 아기 혼자서도 놀 수 있는 '아기 **놀이터**'이다. 바닥판과 상체를 지탱할 수 있는 놀이판으로 구성돼 있으며… (출처: 다음 백과사전)

와이프가 정회원이 빌릴 수 있는 3개의 장난감 중 하나를 저 아이로 Pick해 주셨다.

지름 79cm, 최저 높이 39cm, 무게 10.5kg

최저 높이가 39㎝지 액세서리 끼면 50㎝도 넘는다. 아는 사람은 안다. 아니 모든 부모는 저거 알 것이다. 이 기구는 분해가 되는 것도 아니다. 분해

내가 한다! You가 한 육아

하면 같은 크기로 높이만 낮아지고 두개가 될 뿐. 분해가 아무 의미 없다.

백팩에 다른 두 개를 담고 저 괴물을 한 손에 5분씩 무한교대해 가며, 저녁 6시 반 퇴근 시간에 전철 한 대 보내고 내가 낑겨 탈 수 있을 때 민폐를 끼치며 가지고 왔다.

을지로입구역에서 퇴근 시간에 전철을 타 보았는가. 안 타 봤으면 말을 하지 마시라.

와이프는 저걸 보며 한마디한다.

"어머~ 생각보다 크네~."

저게 생각을 못 할 수준인가? 그냥 안 빌리고 올 수도 있었다. 하지만 봄봄이가 잘 뛰놀 걸 상상하니 안 들고 올 수도 없었다(이게 아빠 마음이다).

내가 이런 거 가지고 힘들다고 하면 왜 그리 잘 힘들어하냐고 한다(저런 걸 안 힘들어하는 너가 이상하단 생각 안 하니). 서럽다.

나는 고통과 힘듦을 아주 잘 느끼는 사람이고 이런 걸 잘 표현하는 사람인데, 안 그런 사람을 만나니 장점도 장점이 안 되고 내 평소 습관도 단점이 된다.

저거뿐 아니다. 러닝홈이란 것도 있다.

이건 한손에 들고 가면 아래 세울 수 있는 스탠드가 자꾸 내 다리를 스치면서 찍는다. 10걸음 걸으면 화딱지 나서 던져 버리고 싶은 충동도 든다.

장난감 도서관 측에 한번은 내가 말했다. 장난감 사이즈를 인터넷 예약하는 사이트에 표시해 주시면 안 되냐고 했더니 이미 '가로×세로×높이'를 다 적어 놓는단다.

생각 못 한 게 아니라… 알고도 그런 거니….

러닝홈
쏘서 못지 않다. 저 문으로 아이가 기어서 통과할 수 있다.

이제 아기도 21개월이 지나서 큰 장난감류는 별로 안 빌리고 작은 것들 위주로 빌리는데 그때 생각하면 좋은 추억이다(억지로)…. 와이프가 남편을 위하는 마음에… 근육 운동 하라는 뜻으로 그런 거겠지…. 고오맙다, 마누라야….

내가 한다! You가 한 육아

 ... *D-014*

Ep. 10 완벽하고 싶은 아빠에게 없는 딱 한 가지

　나의 휴직이 다가온 만큼, 와이프의 복직도 다가오고 있다. 와이프는 오는 3월 4일, 1년 11개월 만에 그녀의 터전으로 돌아가다.

지금 만나러 갑니다 개봉박두!
휴직과 함께 찾아온 23개월의 기적
복직과 함께 그녀는 돌아가야만 하는데…

3월 4일 대개봉

　근 2년의 시간 동안 정신 없이 시간을 보냈으니 복귀에 대한 두려움과 더불어 이것저것 준비가 필요할 것이다. 출산 후 변한 체형에 따른 옷도 사야 하고, 임신 때부터 근 3년간 기른 머리도 잘라야 한다고 한다.

　이번주 하순부터는 삿포로에 가니 남은 날이 얼마 없어 일요일이던 어제, 나에게 아이를 맡기고 와이프는 쇼핑과 머리를 하기로 했다.

실전 모의고사

출산 후 아이를 긴 시간 혼자 봐 본 적이 별로 없다. 나에 대한 배려와 엄마 껌딱지 효자(?) 아들 덕분에 길어야 두 시간? (미안하고 고맙다.) 그래서 그런지 꽤 오래 그녀가 부재 중인 그 시간이 오는 것이 매우 두려웠다.

전략은 쇼핑 중엔 나와 아들이 키즈 카페(이하 '키카')에 가서 아이 정신을 팔리게 하고, 머리할 때는 내가 집에서 씻기고 밥 먹이고 책 읽어 주고 이것저것 해서 시간을 보내 보기로.

와이프의 쇼핑 습관을 먼저 설명하면, 아주 오래 길게 한다. 여기저기 들어가 보고 입어 보고, 결국 안 산다.

쇼핑 놀이 하는 건가?

시간이 오래 걸리는 거야 신중한 소비를 하는 거니 좋은데, 그렇게 시간 투자해 놓고 결과물이 없다. 이런 비효율적인 활동을 봤나. 맘에 어지간히 크게 들지 않는 한, 가격이 무지 괜찮지 않는 한, 진짜 꼭 반드시 무조건 지금 사야 하는 게 아닌 한 잘 안 산다.

살짝 맘에 들어 보이나 가격이 좀 마음에 걸려 하는 얼굴이거나, 몇 번 입어 본 거 보니 그거보다 더 나은 거 오늘 건지기 어려운 상황이면 내가 사라고 강하게 얘기해서 결국은 사게 한다.

"와, 이쁘다 그거."

"그거 완전 네 옷이네."

"일단 사 보자."

"제발···."

네 옷 사라고 내가 사정해야 되냐.

내 소비 습관은 심플하다. 자주 애용하는 브랜드 두어 개 가 보고 가격, 디자인 괜찮으면 바로 산다. 그리고 구매한 류의 옷은 더 보지 않는다. 필요한 거 샀으니까.

오늘 와이프의 쇼핑 장소는 가든파이브 현대시티몰. 우선 거기 있는 키즈 카페를 검색한다. 좋아 보이는 키카 하나가 있다.

쿄쿄○키즈랜드 송파점

규모가 매우 크다.

키카에 도착해서 나와 봄봄이를 들여 보내고 와이프는 두 시간 쇼핑을 하기로 했다(키카 기본 시간은 2시간이다).

키카에 와이프랑 같이 간 적도 여러 번 있고 한 시간 정도 나랑 아이만 있어 본 적은 있는데, 오늘은 키카에서 온전히 둘이 있어야 한다. 무려 2시간 + α(와이프와 시간 약속할 땐 예정 시간보다 1시간 정도 길게 생각하는 게 정신 건강에 좋다).

그 와중에 와이프가 내게 미션을 준다.

1시간 놀아 주고 밥 먹이라고 보온 도시락과 물, 주스, 우유, 기저귀, 손수건 등이 있는 여자들 어깨에 매는 롱샴 토드백을 건넨다.

가볍고 들기는 편하나 누가 봐도 여자 가방이라 내가 들기 어렵고, 잘 흘러내려서 매우 부적절하다. 결정적으로, 공간에 비해 구분 공간이 적어서 이것저것 찾으려면 힘들다. 핸드폰 찾다가, 물 찾다가, 손수건 찾다가, 기저귀 찾다가 화딱지 난 나를 찾게 된다.

신나게 놀던 애가 퍽이나 먹겠다 싶지만 클리어해야 한다. 그래야 마음 편히 그녀가 복직할 수 있다. 흘러내리는 토드백을 어깨에 매고(백팩으로 바꿀 거다) 이리저리 쫓아다녔다.

규모가 좀 작으면 커피 한 잔 시켜 놓고 앉아서 관망만 하려 했는데, 겁나 크다. 시야에서 사라져도 어디서 밀리지 않는 피지컬을 자랑하는 우리 아들이 걱정되진 않지만, 내 아들이 누구에게 위해를 가할까 봐 걱정돼서 따라다닌다.

주말의 키카는 사람이 참 많았다. 조부모님이랑 온 아이도 있었고, 아빠랑 온 아이도 여럿 있었다. 우리 아들은 여느 아이들과 같이 문 열리자마자 쏜살같이 튀어 들어갔고, 그 이후로 한동안 부모를 찾지 않았다.

그러던 와중에, 2층 구조물로 되어 있는 미끄럼틀과 원통형 정글짐이 복합된 구조물의 1층에 봄봄이가 갔했다.

2층에서 1층으로 오가는 내부 통로를 통해서만 이동이 가능한데, 이 녀석이 내려갔다가 올라오지 못한 거다. 눈앞에 보이는 아빠를 찾는다(1층 내부는 볼 수 있다). 눈물까지 흘린다. 2층으로 올라가는 통로 계단(계단은 아니고 올라가는 높은 구조물)이 매우 높아서 21개월 90㎝짜리 녀석에겐 혼자 올라갈 수가 없는 구조다.

서둘러 2층으로 갔다. 아이를 달래서 올리려고 하는데 1층 계단 앞에 여자아이와 그 엄마가 있었다. 그 엄마가 봄봄이와 그녀의 아이를 올려주려 하셨고, 내가 위에서 그 아이들을 받았다.

봄봄이를 먼저 올려주신 후 그녀의 딸을 올려주셨는데,

맙소사

아이가 깃털 같다.

언어 구사력을 보아 하니 족히 30개월은 된 것 같은 여아다. 키도 더 컸다. 이게 가능한가. 우리 봄봄이가 뚱뚱하진 않은데(건강하게는 생김), 돌 이후 9개월간 몸무게도 늘지 않고 정체 상태다(13.5㎏. 표준 몸무게로 두 돌 이상의 무게임).

아무튼 나는 그 아이의 깃털 같은 무게에 놀라고, 그 엄마는 내 아이의 바위 같은 무게에 놀랐겠지(급작스럽게 근력 운동 하게 해서 미안합니다, 어머님).

입장한 지 1시간이 지날 무렵

나는 배고파 죽겠는데, 이 녀석은 배도 안 고픈지 "맘마 먹을래?" 하고 물으면 고개를 저을 뿐이다. 빛의 속도다. 질문이 끝나기도 전에 고개를 격하게 돌린다.

아빠와 나란히 앉아서 도란도란 나는 우동, 너는 엄마가 싸 준 도시락을 먹고 목 막히면 물도 한 번 주고, 우동 국물도 한 번 주고 하는 그런 사치스러운 생각을 한 내가 밉다.

토드백은 어깨에 메고 한손엔 도시락, 한손엔 미니 주먹밥을 들고 쫓아다니면서 하나씩 입에 넣어 줬다. 그 와중에 한 번은 뱉고, 그거 치우는 동안 이놈은 여기저기 뛰어다니고… 그렇게 기본 2시간이 흘렀다(똥은 안 싸서 그나마 다행).

뭐… 아내 입장에서야 오랜만에 맞이하는 자유였으니 2시간이 가당키나 한가. 예상했던 대로 조금 더 있었고, 최종 2시간 반 동안 아이와 있었다(대비한 덕에 내 정신 건강은 무사했다). 키카라서 아주 난이도 '하' 단계임에도 불구, 내 얼굴은 반쪽이 되었다.

키카에서 나오니 아이가 졸려 한다. 빨리 퀵하게 집에 가서 아이를 재우고 그 시간 동안 아내는 머리를 하러 가기로 했다.

가든파이브에서 집까지 차로 10분, 창문도 열었다 닫았다 해 보고, 까까도 줘 보고 열심히 노력했지만 그 사이에 주무신다. 이 녀석의 잠 습관에 대해 언젠가 쓸 날이 오겠지만 지금은 생략하고….

저러고 차에서 자면 집에 올리는 중간에 무조건 깬다. 깨서는 다시 자지 않는다. 결국 아이는 집에 올리는 동안 정신을 복귀시켰고, 와이프 머리하는 동안 내가 보기로 했다. 전화해서 예약을 하며 시간을 물었다.

두 시간 반!
짧은 단발 + 볼륨매직

뭐라? 하지만 티내지 않았다.

능숙한 육아 아빠의 모습과 당신의 변화된 아름다움을 내심 기대하며 응원하는 남편의 모습을 보여 주고 싶었다.

"이쁘게 잘하고, 볼일 다 보고 와."
마음에 1도 없는 소리

　　　　　　　　　　　　　내가 한다! You가 한 육아

2차전이 시작됐다.

아이에게 엄마가 밖에 나가는 모습을 확실히 보여 주고, 빠이빠이까지 시킨 후 목욕을 시켰다. 목욕시키고 물에서 노는 거까지 해도 30분 남짓. 로션 발라 주고 옷 입히고 밥 먹이고, 치우고, 책 읽어 주고 하면 얼추 2시간은 간다는 계산.

그렇게 모든 걸 클리어하고, 두 시간이 지났을 8시 반 무렵. 책 읽는 중간에 졸려 한다. 요즘 12시가 지나야 주무셔 주는 아이고, 낮잠 좀 못 잤다고 일찍 밤잠 자 주는 아이가 아닌 탓에 별 기대 안 했지만 습관적으로 던지는 멘트를 날려 본다.

"아빠랑 침대에 누워서 낱말 카드 볼까?"

웬일? 그러자고 한다. 다행이다. 잠깐이라도 누울 수 있다(하지만 곧 다시 일어나라고 머리를 잡아당길 게 뻔하다).

그렇게 누워서 브람스 자장가를 틀어 놓고(소용없지만 요즘 틀어 놓는다), 낱말 카드를 읽어 나간다. 그러다가 장난치며 눈도 감겼다가 이랬다가 저랬다가 하니, 헉!

잔다. 코까지 골면서.

성공이다. 이럴 수가. 한번을 누워서 저렇게 스르르 자 본 적 없는 아이가 잔다. 브람스 덕인지, 눈 감기 놀이 덕인지, 조상님이 도우셨는지 모르지만 잔다.

이 미치고 팔짝 뛸 기쁜 소식을 최대한 점잖고 아무렇지 않게 와이프한테 전한다.

"봉봉이 재웠으니 천천히 와."

네가 그동안 못한 거 내가 해냈다.

와이프도 이 상황을 믿을 수 없다. 낮잠 한번 재우려면 온갖 힘든 고난을 겪어야 하는데 이 녀석이 저녁 8시 반에 자다니.

와이프는 예정된 2시간 반의 헤어 케어와 장 보는 시간 40분을 더해 3시간 10분 만에 귀가했다.

누군가 자만을 경계하라 했다더니….

와이프가 집에 오기 10분 전부터 깨서 울기 시작한다. 우리 아이는 잠결에 뒤척이면 와이프 쮸쮸를 만져야 또 안정되어 잠을 잔다.

그렇다.

난 쮸쮸가 없다.

망했다.

슬쩍 깼을 때 엉덩이 토닥토닥하면 다시 잘 수도 있다. 안 된다. 의식이 20%쯤 돌아왔다. 손이 내 윗도리 속으로 들어온다. 아뿔사… 아무리 찾아도 원하는 게 없다. 얘는 지금 엄마가 없는 상태에서 잠들었는데 쮸쮸도 없고 엄마도 없다. 큰일났다.

통곡이 시작됐다. 와이프가 올 때까지 울 거 같다. 10분을 내내 통곡하며 울었다. 와이프가 오면 바로 다시 재울 심산이었는데 불길하다.

엄마가 왔다. 맙소사 엄마 보고 더 운다.

엄마 머리가 엄청 짧아진 탓인 것 같다. 결국 불 다 켜고 10분을 더 운 뒤 진정이 됐다. 하지만 정신도 돌아왔다. 1시간의 취침으로 체력도 충전 됐다. 9시 반에 깬 녀석이 새벽 1시에 잤다.

힘든 하루였다. 와이프도 맨날 이렇게 힘들었겠지.

여태까지 고생 많았어, 여보.
오늘 산 1970년대 교복st 원피스는
단정하니 너랑 잘 어울리더라.

진심이야.

쮸쮸가 없어 서러운 날.

Ep. 11 휴직 전 마지막 출근

마지막 출근. 아직도 마음이 울컥울컥한다. 보는 사람마다 "언제까지 나온댔지?"라고 질문하는 것에 대답하는 일이 오늘부로 끝났다. 물어본 사람이 묻고 또 묻고, 자고 일어나서 출근하면 묻고, 화장실 가다 만나면 묻고….

아예 이마에 붙이고 다닐까?

2월 20일까지 출근, 점심 약속 full, 커피 오늘 많이 마심

지난주는 내내 저녁에 술 약속이 있었고, 이번 주도 월요일까지는 달린 것 같다. 감사하게도 많은 분들이 나를 위해 시간을 내주셨고 글로나마 매우 감사하다고 말하고 싶다.

많은 감정이 교차한다. 아니 섭섭한 게 크다. 만 7년을 넘게 다닌 회사고 처음 입사한 회사다. 아무리 육아 휴직이라고는 하나 앞으로의 일은 어찌될지도 모르는 게 사람 일이라… 심플하게 1년 후 돌아온다고 생각하면 될 걸 사서 속상하다.

7년 넘게 출근하며 9시 임박해서 출근한 게 딱 두 번인데, 지난주에 과

내가 한다! You가 한 육아

음을 했는지 늦게 일어난 게 그 두 번째다.

8시에 눈 떠서 헐레벌떡 씻고 도착하니 8시 55분.

> "늦었습니다! 지하철이 너무 막혀 가지고···.
> 아침 시간이라 양방향이 아주 꽉꽉···."
>
> 공식 출근 시간 9시

사람들이 휴직 땡긴 줄 알았단다.

오늘 PC도 반납하고, 전화기도 반납하고, 사람들과 인사도 나누고, 회식하자는 거 거절하고···. (그전에 말 안 하다가 왜 갑자기 오늘···.)

군함도팀 팀원들은 오늘도 선지색 피부 붕어상 팀장에게 쥐어 털린다. 연초라 각종 보고들이 몰려 있어서 요 며칠 계속 돌아가며 깬다. 도장 깨기 하듯, 두더쥐 잡기 게임하듯 요놈 깨고 조놈 깨고 저~놈 깨고, 다시 이놈 깨고.

보고서 내용 가지고 깨고, 폰트 크기 가지고 깨고, 리비전 버전 메일 보낸 거 뭐가 수정된 건지 써줘야 하는 거 아니냐고 깨고.

아니다.

지금 생각해 보니 깨는 게 아니라 그냥 팀장의 말투일 수도 있겠다 싶다. 맨날 그리 깨는 거 보면 평소 말투인데 내가 오해하는 것일 수도 있다는 생각이 갑자기 스치며 미안해진다.

글씨체 중에 궁서체 이런 것처럼 말투도 그런 이름 같은 게 있지 않을까?

깸투, 처바름투, 신경질투, 만성화냄투

복직하면 오해한 거 사과해야지.

마지막 인사를 하려고 팀원들 자리를 찾아다녔다. 섭섭해서 울고 싶은 건 난데, 그들이 울 것 같은 표정이다. 그 마음 알 것 같다(맨날 깨지느라 많이 힘들지요?).

왠지 오늘 여길 나가면 다시 못 돌아올 것 같은 느낌이 자꾸 든다. 오지 말란 것도 아닌데, 복직하면 오라는 다른 팀도 있는데 그냥 다시 못볼 거 같은 느낌.

느낌적인 느낌을 가진 느낌 있는 사람

혼자 피곤한 사람

크게 쓸 얘기 없는데, 너무 아쉽고 아쉬워서 그냥 짧게나마 글을 남겨본다. 이제 진짜 육아다.

아마… 군함도팀에서 그냥 일하는 것보다 힘들겠지만, 그래도 미소를 짓고 싶은 건 왜일까? 회사에 남은 사람에 대한 이상한 우월감이 든다.

하지만 곧, 그들에게 이상한 부러움을 느낄 거 같은 건 그냥 느낌이겠지. 내일부터 5박 6일 첫 해외 가족 여행 예정이다. 설레긴 하는데 비싼 돈 주고 극기훈련할 것 같은 느낌.

가 보자! 뭐 어떻게 되겠지.

내가 한다! You가 한 육아

Ep. 12 홋카이도에서 생긴 일

21일부터 육아 휴직 1일 차가 됨과 동시에 바로 가족들과 짐 싸서 일본으로 건너가 26일까지 삿포로를 비롯해 오타루, 후라노, 비에이, 아사히카와 등 일본 북부 홋카이도 지역을 5박 6일간 갔다 왔다. 지금은 그 빨래와 뒷정리 등 후폭풍이 지나간 다음 날의 집이다.

아이와 함께하는 첫 해외 여행이라 힘들 걸 각오하고 다녀온 여행인 만큼 너무 힘들었다.

22개월 된 아이는 뭔 고생이며, 우리로 인해 편안하지 못한 식사와 교통 이용을 했을 주변 사람들은 무슨 죄인가… 모두에게 사과드린다.

좋은 추억은 만들었지만, 모두가 힘들었던 그 여행에서 있었던 얘기들을 적어 보고자 한다. 여행 자체에 대한 이야기는 따로 적도록 하고….

누가 나 육아 휴직 썼다고 저주라도 한 건지 더럽게 안 풀렸던

홋카이도에서 생긴 일

내 일 인수인계 받은 권 과장님, 너니?

---

1. 삿포로 첫날

우리 아들의 첫 장거리 비행의 우려가 무색할 만큼 2시간 반 동안 순조롭게 지나왔다. 아이가 힘들어하고 주변에 피해줄까 봐 영혼까지 끌어모아 끊은 비즈니스석이 열일했다고 자평하며 아주 다행스러운 스타트를 끊었다. 좌석이 많이 비어서 왔다갔다도 하고 자리도 넓게 쓰고 하니 큰 짜증 없이 이벤트 없이 치토세 공항에 도착했다.

공항에서 삿포로시까지, 그리고 호텔까지는 기차와 셔틀버스를 타고 움직였다. 호텔에서 짐을 풀고 희망찬 마음으로 뭘 먹을지 고민하며, 방풍 커버 씌운 유모차를 끌고 번화가인 스스키노거리로 향했다.

그런데! 두께 10㎝ 정도의 얼음과 눈이 쌓여 있다.

길거리가 다 얼음과 눈으로 덮혔다. 22개월짜리 꼬마가 걷기에 심히 부적합했고, 날씨가 풀려 눈이 슬러시처럼 변해서 유모차 끌기가 너무 어려웠다. 유모차 바퀴 반 정도가 눈에 파묻혔고, 가다가도 툭툭 걸려서 유모차가 몇 번 앞으로 고꾸라질 뻔했다. 애가 유모차 안 탄다고 나오면 끌기는 수월해지나 10미터 이동에 1분이 걸리는 초저속 보행 속도가 문제.

어쩐지 주변에 유모차 끄는 사람이 한 사람도 없더라. 진짜 이건 아이를 데리고 나올 만한 환경이 아니었다. 그럼에도 불구하고 번화가까지 1킬로미터 이상을 걸었다. 첫날이라 뭔지도 모르고 걸어서 왕복했다. 미련하게. 삿포로 시민들이 보기에

폐지 주워 모으는 불법 체류자 부부같이 보였을 듯

feat. 아이 탄 거 안 보이는 유모차

내가 한다! You가 한 육아

그렇게 식사를 마치고 또 꾸역꾸역 눈길을 헤치고 호텔로 돌아왔다. 27층 호텔방에서 내려다보는 삿포로 시내 야경을 보며, 일본치고 호텔방도 크고 야경도 좋다며 기분 좋으려던 찰나, 지진이 났다.

진도 5.7

한국에 영향은 없었으나, 내가 영향을 받았을 뿐이고.

갑자기 와이프는 어지러움을 느끼고 나는 벽에 걸린 내 옷이 흔들리는 게 보였다. 여행 첫날부터 지진이다. 일본 여행을 4번째 가는데 처음 겪어 본 느낌이다. 아니 평생 처음 겪는 경험이다.

방송을 틀어 보니 채널 모두 지진 방송이다. 난리가 났다. CCTV 영상으로 봐도 진동이 커 보였다. 한참을 정부 관계자 발표와 지진 지역 피해자 전화 인터뷰 등이 나왔고 와이프가 심하게 불안해했다.

호텔 룸은 27층이다. 걸어 내려갈 수도 없고 추워서 나갈 수도 없고, 지진이 세지면 그냥 위험한 27층에 머물 수밖에… 와이프가 굳이 프런트에 전화를 건다.

"지진 맞죠? 괜찮은 거예요? 안전한 건가요?"

나는 이걸 왜 프런트에 물어보는지 의문이었다.

1층에 있어 상당히 대피하기 유리할 거 같은 프런트의 직원이 차분한 음성으로 "Yes"라 답한다. 직원은 익숙한 상황인 듯 동요가 없다.

일본 기상청도 아니고, 호텔 프런트에 전화해 지진에 대해 심도 없는 대화를 한 와이프는 진정이 되질 않았다. 건설 회사에 다녔던(?) 내가 진도 몇 이상이어야 건물이 무너지는지, 일본은 지진이 많아 고층 건물은 전부 내진 설계가 되어 있다 설명한다.

그래도 진정이 안 됐는지 오늘밤은 가족이 어디 떨어지지 말고 같이 모여 있자고 한다. 호텔 온천에 가는 것도 취소한다(죽어도 다 같이 죽자는 건가).

그렇게 하루가 지났다.

눈을 떴다. 다행히 나는 살아 있었다. 별다른 추가 지진 없이 지진 상황은 종료되었다.

2. 넷째 날: 삿포로 → 후라노 이동

삿포로시에서 3박을 하며 쇼핑도 하고 맛난 것도 먹고 시내 구경 하면서 보냈다. 그리고 렌트를 해서 북부 지역으로 이동하려고 짐 빼서 택시를 잡으려다 생긴 일이다.

택시가 일요일 아침 시간이라 더럽게 안 잡히던 것도 있지만, 봄봄이가 굳이 길을 건너겠다고 떼쓰는 와중에 허리를 다쳤다. 떼 쓰다가 아빠 부르길래 돌아봤는데 갑자기 척추와 옆구리 사이 근육을 송곳으로 푹 찌르듯, 헉 소리가 절로 났다(말로만 듣던 햄스트링 부상인가).

택시를 타는데 앉을 때도 겨우 앉고 진짜 너무 통증이 심했다. 렌터카 회사에서도 짐 옮기기 힘들었고 차도 소형이라 내리고 탈 때마다, 운전할 때 급하게 페달 밟을 때마다 죽을 거 같았다. 호텔 자판기 쓰다가 동전 떨어뜨렸을 땐 뭐, 내가 태어난 게 싫을 지경.

그 와중에 후라노 흰수염 폭포로 걸어가다가 빙판에 크게 넘어져서 손목도 다치고 설거지하다가 손가락 터서 찢어지고, 아주 힘든 하루였다.

숙소에서 누워 있는데 아들이 뛰어다니면서 내 쪽으로 달려와 확 안기며 쓰러진다. 아무것도 할 수 없이 형한테 어택당하는 못 걷는 둘째의 심정을 느낄 수 있었다.

더불어 아이 케어하기도 힘든 와이프에게 짐이 됐다. 지금도 일어났다 앉았다 하기 조금 불편한 정도.

농담으로 와이프한테 나중에 내가 무슨 일 생겨서 의사 표현 못하고 사지 못 쓰면 안락사시켜 달랬더니 돌아오는 대답.

"당연하지. 나도 그런 상황이면 그리해 줘."

대답에 0.1초도 안 걸렸다. 저거 진심이다.

절대 무슨 일 있지 말아야겠다고 다짐했다.

3. 오타루 다녀온 둘째 날

오타루에는 오르골이 유명하다. 기차를 타고 오타루에 가서 오르골당까지 슬러시같이 변한 눈길을 고생스럽게 걸어간다.

티비에서 본 것만큼 커 보이진 않았는데, 아이가 좋아하는 코끼리가 있는 것 한 개랑 우리를 위한 한 개, 총 두 개의 오르골을 사왔다. 작은 오르골 두 개에 10만 원 정도.

사고 나서 식사를 하러 돈부리집에 갔는데, 밥 먹고 나오는 길에 찡찡대던 아이 달래려고 준 오르골을 이 녀석이 던졌다.

산 지 1시간 만에 5만 원이 하늘로 승천하려던 순간, 살려 낼 수 있을 거 같다. 집에서 강력본드로 붙이면 될 거 같다. 순간 아이에게 화낸 게 미안했다. 아기를 위해서 산 건데 아이가 던졌다고 화를 내다니⋯ 반성이 됐다. 하지만 순간순간 올라오는 '욱'이란 녀석을 억누르기가 쉽지 않다(더 내공이 필요하다).

나중에 집에서 본드로 붙였는데, 아래쪽 톱니가 맞물리는 곳으로 스며서 이게 태엽을 감아도 소리도 나지 않고 움직이질 않는다.

아뿔싸.

긴급 조치에 들어간다. 구조를 파악해 보니 힘을 줘서 붙은 부분을 떼어 내도 주요 부분 파손은 없을 거 같다. 비틀어서 붙인 부분을 분리하고, 본드가 묻어 굳은 부분을 칼로 긁어내 다시 붙였다.

살아났다. 내 5천 엔이 죽어 가다가 소생한 순간이다.

어려운 환자였어.
본드가 새로 굳기까지 20분 정도 회복 시간이 필요할 거 같습니다.

수난은 또 있다.

5일째에 방문한 아사히카와에 있는 동물원에서 요즘 아들이 너무 좋아하는 돼지를 목각 인형으로 만든 것을 기념품으로 사 왔는데 그날 잃어버린 일(아직도 속상하다).

오른쪽이 극적으로 회생한 오르골

돌아오는 비행기가 작은 거로 바뀌면서 좌석이 꽉 찼고, 엄마랑 같이 앉아야만 해서 비즈니스석이어도 봄봄이가 비행 내내 힘들어했던 일(아이는 좌석에 앉히고 와이프는 바닥에 앉기도 했다. 주변 손님들한테 죄송했다).

아이 잠 타임이 안 맞아서 그 유명한 삿포로 털게를 못 먹고 돌아온 일 등(이게 제일 아쉽다).

특별히 기억에 남는 여행인 건 확실하다. 그런데 사람이 망각의 동물인 건 맞는지 하루 지나니 재밌었던 기억만 난다. 이러면 안 되는데… 와이프가 또 여행 가자고 그러면 이 일기를 보면서 마음을 다잡아야겠다.

교훈: 삿포로엔 아이가 좀 큰 후에 오는 게 좋겠다.

Ep. 13 아이를 누군가에게 맡긴다는 것

3월 4일은 우리 봄봄이가 태어난 지 22개월 만에 어린이집에 등원하는 역사적인 날이다. 이 역사적인 날을 기념하여 와이프와 내게 상을 준 3월 1일의 이야기를 쓰려 한다.

8·15 광복절이나 3·1절 같은 좋은 날은 범죄자도 사면을 해 주는데, 우리도 좋은 날을 기념으로 서로 돌아가면서 아기 보고 남은 사람은 혼자 영화 보고 오기로 한 것이다.

그야말로 혼·영!(개인혼영 접·배·평·자 이거 말고)

말로만 듣던 <극한직업> 혼자 보기! 1,580만이 보고 나서야 봤다. 아직도 사람이 많았다.

하도 재밌다고 하기도 하고 와이프도 보고 싶어 했던 영화였다. 그동안에도 돌아가면서 봤으면 됐는데, 굳이 영화 하나 보겠다고 애 보는 걸 후순위로 미루고 싶지도 않았다. 이번엔 등원을 앞두고 혼자 애 보는 연습이라도 해 볼 참으로 처음으로 시도한 것이다.

우리 봄봄이가 우리에게 뿅 하고 나타난 게 2016년 8월쯤이다. 임신이 확인된 그날로부터 우리는 영화관에서 영화를 보지 않았다.

아이가 생기다 보니 영화관은 소리도 크고 태교에 좋을 게 없을 것 같다는 판단에(근거 없음).

그해 우리 회사에서 단체로 관람했던 영화가 2016년 10월쯤에 본 〈럭키〉였다.

저걸 마지막으로 영화관에서 영화 본 적 없고, 가끔 롯데몰에 아이를 데리고 가면 롯데시네마 들러서 팝콘만 사서 먹었던 슬픈 기억이 있다(그냥 먹고 싶어서 팝콘만 사다가 상영관 밖 의자에 앉아서 먹음).

와이프는 작년 말부터 문화 센터 아기 엄마들이랑 한 달에 한 번, 아이들이 잠든 밤에 만나는 모임을 시작하면서 영화를 개시했다.

나는 이번 〈극한직업〉 관람으로 2년 5개월 만에 영화 상영관 입장이다. 그마저도 늦어서 팝콘은 못 사고 아무것도 없이는 아쉬울 거 같아서 엔젤리너스 가서 병 음료 하나 사 들고 들어갔다.

물론 와이프는 그동안에도 나더러 혼자라도 영화를 보고 오라고 했다. 내가 혼자 영화를 본 건 아기 없을 때 와이프랑 싸우고 집을 나와 영화관 가서 본 게 전부. 혼자 보는 게 익숙하지도 않고 그러기도 싫었다. 원래 취미가 없는 사람이라 안 봐도 그만이었고 재밌으면 언젠간 티비로 나올 테니 굳이 애 보는 사람 혼자 두고 볼 생각이 없었다.

(그렇다고 애 보는 데 크게 도움되는 사람도 아니면서 되게 그런 사람인 양 적어놔서 켕긴다.)

양가 도움을 받을 수 있지 않나?

우리 처가는 인천이고, 본가는 우리 집 도보 5분이다. 안다. 와이프가 힘들었을 거란 거(고생했어, 와이프).

하지만 물리적인 이점으로 충분히 시어머니 찬스는 쓸 수도 있었고, 장모님도 충분히 찬스를 쓰게끔 해 주실 분이다.

그런데 우리 부부가 몹쓸 독립심이 강하다(아니, 난 별로 없는데 와이프가). 한번도 다른 이에게 아이를 맡겨 본 적이 없다(그래서 이번 어린이집 등원이 더 두렵다).

우리 애는 우리가 키운다.
와이프만의 생각

나는 가능하면 다른 사람들처럼 부모 도움을 받아도 된다 생각은 하는데 아기 엄마가 유난히, 특별히, 상당히, 엄청나게 독립심이 강하다. 당연히 시어머니한테 맡기기 어려울 수 있다는 반론이 나올 수 있지만 친정 엄마한테도 그런다.

하루는 와이프가 너무 아픈 날이었는데, 장모님이 휴가 내고 오시겠다고 했음에도 불구 인천에서 서울까지 오게 하는 게 더 부담이라고 거절했다(이 정도면 성의 무시급).

아기 낳고 친정에 2달 반 정도 머물고 그 이후 온전히 아이를 혼자 키웠다(나는 그냥 뭐 있으나 마나였고). 만 14개월을 모유 수유하면서 커피, 맥주, 약 하나 못 먹고 참 대단한 여자다.

앞선 일기에도 적었지만 되게 귀한 딸이다. 그런데 하도 비의존적인 게 이상해서 한번은 물었다.

내가 한다! You가 한 육아

"너 혹시 입양 딸 아니지?"

이제라도 털어놔 봐.

아니란다. 하긴… 그렇다고 하기엔 너무 아버님이랑 닮았다(뽀뽀할 때마다 마음의 동요가 있었던 건 비밀).

우리 어머니는 딸 셋을 시집 보내시고 큰누나 때는 용산으로 출근, 작은누나 때는 용인으로 출근하셨다. 셋째 누나는 이제 임신, 곧 엄마가 인천으로 디닐 기세인데 솔직히 와이프 눈에 우리 누나들이 얼마나 부모 의존적으로 보일까도 걱정이다.

아무튼 그렇게 감격적인 영화 한 편을 보고(폭망 영화를 봤어도 재밌게 봤을 듯) 바로 와이프와 교대하러 집으로 갔다.

내 영화는 1시, 와이프 영화는 5시 50분. 내 영화 끝나고 두 시간 넘는 텀이 있었고, 더 놀다 오라 했는데도 딱히 할 것도 없고 처자식도 눈에 밟히고 해서 집으로 왔다(좋은 가장 코스프레).

그날 와이프도 만족스럽게 영화를 보고 왔고 나초를 먹었다며 행복해했다. 이게 뭐라고…. (내가 나초 100개 사 줄게…)

그리고 불행히도 나는 그날 급성 위장염으로 다다음 날인 오늘 오전까지 빌빌대다가(장염엔 지림주의) 이제 겨우 살아났다.

PART 2.

휴직 개시, 퇴사불가
풀타임
육아 아빠

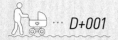
Ep. 14 육아 휴직 데뷔전

　어제부터 우리 봄봄이는 와이프의 직장 어린이집에 다닌다. 우리 회사 어린이집은 떨어졌기 때문에. 만약 그게 당첨됐으면 내가 휴직을 썼을까 싶기도 하다. 전화위복이다.

　회사에 휴직 쓴다 통보하고 나오자마자 일본 가족 여행 다녀온 뒤 이제 진짜 휴직하고 육아하는 실감이 났다.

　우리 아들 22개월 살면서 한번도 엄마랑 오래 떨어진 적 없었는데, 엄마는 그날부로 복직이라 처음으로 아빠랑 보내는 풀타임이자 첫 등원이었다.

　그날이 오는 것에 매우 몹시 많은 걱정을 했지만 두 번 어린이집에 보내 본 결과 잘하고 있다.

내 아들 말고, 내 얘기다.

내 아들도 물론 잘하고 있다.

　지금은 적응 기간이라 9시에 등원해서 나도 함께 시간을 보내다가 11시에 하원한다. 그 후에는 엄마가 오기까지 8~9시간을 온전히 둘이 보내야 한다.

얼마나 엄마를 찾을지, 적응은 잘할지, 아빠는 싫다고 안 할는지… 오만 가지 걱정 속에 어제 오늘 나와 내 아들은 엄청 잘했다.

자는 아이를 깨워서 아침 일찍 옷을 입혀 차에 태우고 엄마랑 인사했다. 엄마는 첫 출근이 늦을까 걱정되어 그냥 대중교통으로. 우린 차로 등원했다. 둘의 목적지는 같다.

봄봄이는 꿀벌반. 8명의 아이가 있고 6명이 아들, 2명이 딸이다. 처음 어린이집에 다니는 아이들이라 부모들 마음이 같았는지, 조부모님이 데려온 아이보다 엄마나 아빠가 데려온 아이들이 많았다.

첫날은 아이도 그랬겠지만 나도 설레고 재밌었던 것 같다. 처음 보는 엄마들, 아빠들, 선생님들, 아이들….

우선 같은 나이 2개 반 16명의 아이들을 스캔해 보니 우리 애가 제일 키 큰 그룹에 속한다(영유아검진 상위 7~8%). 어릴 때는 한 달 차이가 큰데, 늦은 생일 아이들 중에는 못 걷는 아이도 있다.

또래 중에 가장 크니 이거 괜히 뿌듯하다.

우리 아들보다 머리 하나 더 작은 애 엄마가 봄봄이는 몇 월생이냐고 묻는다. 4월이라 했더니 자기 아들도 4월생이라며 자기 아들에게 "잘 좀 먹지" 하며 속상해한다. 심지어 그 아이가 생일도 빠르다. '우리 애는 뭐 잘 먹나… 안 먹는 거 하면 또 우리 아들이지'. 하지만 내색하지 않는다.

이런 느낌이군….

직접 들어보니 좋네.

그 와중에 아직 못 걷는 아이 부모는 얼마나 속상할까 싶다. 어제는 아

빠가 데리고 왔는데 오늘은 엄마가 데리고 왔다. 오늘 온 엄마는 누군가와 통화도 자주 했다. 회사였던 것 같다.

다들 바쁘다. 내게 아이 몇 월생이냐 물은 엄마는 선생님께 다음 주부터는 할머니가 오실 거라 얘기한다. 화장실 갔다가 오는 길에 본 통화 중인 엄마는 친정 아버지와 연락을 하는 거 같았다.

나만 여유롭다. 아이 케어를 해 줄 조부모가 당장 필요한 것도 아니고 나를 급하게 찾는 회사 전화도 없다. 뭔가 그런 상황이 아니라서 다행스럽지만 한편으로는 또 외로움이 문득 느껴진다.

누가 좀 찾아 줘라.

내게 핸드폰이란, 전화 되는 카메라.

그리고 아빠들 면면이 나보다 족히 5살은 많아 보인다. 같은 학부모라고 나를 집어넣고 동급으로 지내기에 내가 뭔가 켕긴다.

뭐 이렇게 말하기 뭐하지만 내가 좀 동안이다. 진짜 옛날부터 동안인 게 남자들 세계에서 손해 보는 거 같아서 싫었다. 이성한테도 기피 대상이라 좋을 게 하나도 없다. 지금도 싫다. 내 와이프도 동안인 편인데 속상해하는 포인트다. 그래서 그런지

백수 남편처럼 보인다.

아니면 고시 폐인 남편
(동안이긴 한데 흰머리가 많음)

내가 한다! You가 한 육아

나는 앞으로도 계속 직장인 복장이 아닌 청바지 복장으로 우리 아이 데려다 주고 데리러 오고 할 건데, 그들이 보기에 육아 휴직 쓴 남편이 아니라 백수같이 보일까 괜히 와이프한테 미안하고 그렇다.

누구라도 대화하면서 말하고 싶은데 누구도 아이 외의 나에 대한 것을 물어보지 않는다. 원생 부모 누군가 나에게 나에 대한 질문을 한다면 꼭 저 대답을 하리라.

누군가: 댁은 어디세요?

나: 아~ 1년간 제가 육아 휴직을 해서요.

누군가: 응? (뭐지 이 또라이는?)

아무튼 그렇게 집에 와서 놀다가 씻고 집안일 좀 하고 밥해서 먹이고 했는데, 아이가 엄마를 중간중간 찾다가도 회사 갔다고 말하니 이해하는 거 같다. 늘 편하게 옆에 있던 어리광 부릴 상대가 없어서 그런지 나한텐 떼도 안 쓰고 큰 문제 없이 잘 있어 주었다.

그러고는 피곤했는지 내 품에서 잠투정도 없이 잠에 들어 주어 너무나 완벽한 하루를 보냈던 것 같다.

갑자기 아이가 많이 큰 느낌이다. 이만큼 자란 게 너무 기쁘기도 하고 감격스럽기도 하고. 이만큼 키워 놓고 나한테 인수인계 해 준 와이프도 고맙고 만감이 교차한다.

고작 이틀 보내 놓고 너무 이러는가 싶지만 오늘은 또 어제와 다른 종류의 느낀 점이 또 많았다.

그리고 2년 가까이 회사 다니며 아빠의 역할을 한 것과 이틀간 꼭 붙어서 양육을 한 것은 정말 큰 차이가 있었다. 이건 다음에 쓰기로 한다. 궁서체로 진지하게.

아무튼 연착륙한 게 너무 다행이다. 엄마도 복직하느라 우리 걱정하느라 고생했고, 아들도 기특했고 아주 잘했고.

내일도 행복하자.

Ep. 15 어린이집 적응 중

등원 5일째. 8명 아이들 중에 혼자 개근한 거 같다.

지금은 9시까지 데리고 가서 11시까지 놀고 하원하는 스케줄이고, 그 2시간 동안 점점 나와 떨어지는 연습을 한다. 처음엔 40분, 오늘은 1시간 반. 어제는 카페에서 기다리는데 1시간쯤 지나서 호출이 왔다. 아이가 아빠를 너무 찾는다고. 가 보니 뭐 눈물콧물 범벅(잉… 내 새끼).

다른 아이들 분리 연습시키는거 보니 울더라도 선생님이 안고 달래면서 시간을 늘린다. 여기서 기다리다 보면 아이들이 엄마나 할머니랑 안 떨어지려고 엄청 운다. 여기서 한 10분 지켜보고 있으면 별의별 생각이 다 든다.

꼭 이렇게 살아야 하나.

아이 데려온 조부모도, 애들 맡기고 돈 버는 부모도, 힘들어하는 아이들도 그리고 제일 불쌍한 어린이집 선생님들도…

와이프랑 친한 동료 아들은 볼 때마다 울고 있다. 엄청 잘생겼는데 웃는 걸 본 적이 없다. 지금도 신발장에 와서 간다고 뒹굴고 선생님은 데려 가려 하고 애는 계속 울고. 월요일부터 금요일까지 계속 운다. 매일… 담당

선생님은 전생에 무슨 죄를 지은 건가 싶다.

휴직 결정은 매우 잘한 거 같다. 바로 적응한 거 같더니 1시간 정도 공백에 그리 아빠를 찾은 거 보면 우리 아이도 시간이 엄청 필요할 것 같다.

천천히, 네가 필요한 모든 시간을 줄게.

아빠 무지 한가해. 백수야.

한 일주일 동안 아이와 11시쯤 하원하면서 차 타고 근처를 좀 다녔다. 끝나고 차 태우면 낮잠을 좀 자 주니, 목적지까지 가서 차 세워 놓고 충분히 재우고 깨면 키즈카페든 어린이 대공원이든 다녔다. 어제는 미세먼지 상태가 나쁘지 않다고 그래서 에버랜드에 갈까 했는데, 용인 미세먼지 상태가 최악이라 광진구 어린이 대공원으로 갔다.

내 모습이 마치 미혼부 같았던 건 비밀.

엄마 없는 아빠와 아이 둘만의 그림이란…

엄마와는 다르게 아빠는 운전을 할 수 있고, 아이가 안아 달라고 보채면 안고 걸어 다닐 힘이 있다(그런데 너무 크고 무거운 건 사실이다. 14kg).

이런 점이 클 거다. 여기저기 같이 놀러 다닐 수 있다(현재 또 다른 아이가 통곡을 하고 있다).

적응 기간을 최대한 길게 두고 차도 있겠다 날씨 좋으면 야외로, 안 좋으면 실내로 여기저기 데리고 다닐 계획이다.

내가 한다! You가 한 육아

한 일주일 데리고 다녀 보니 느끼는 게 많다. 생각보다… 입으로 하는 대화는 자유롭지 않지만 커뮤니케이션이 된다. 얘가 할 수 있는 말이 물, 엄마, 아빠, 이거 네 개인데 억양과 강세로 '이거'를 변형시켜 의사 표현을 한다.

작은 소리로 "이거" 하면 '이게 뭐야?'이고, 강세를 한껏 넣어 "이! 그어!" 하면 달라는 것이거나 자기가 설명하는 뭔가가 나타난 것 등이다.

그리고 다 알아듣는다. 내가 말하는 표정과 몇 가지 단어를 캐치해서 이해한다.

기특한 녀석, 변호사 해도 되겠어.

대화가 되니 투정을 부려도 말을 하면 알아듣는다. 물론 세심하게 정확히 알아듣진 못하지만, 반복하면서 표정으로 얘기한다 생각하면 눈치로 알아듣는다(얼굴로 말해요).

아빠들은(나만 그러는 것일 수도 있음. 일반화 주의) 대부분 회사에 있으면서 아이의 그때그때의 상황을 엄마한테 전해 듣는다. 회사에서 일하거나 회의하다가 가끔 엄마한테 카톡으로 사진과 함께 '아이가 이랬다', '저랬다', '병원 간다', '문화 센터 간다' 등의 통보를 받는다.

사진이나 소식을 전해 들으면 '아, 내 새끼 이쁘다(보통 엄마들이 이쁜 짓한 걸 사진으로 보내니까)', '아이고 문화 센터 갔구나', '친구랑 그런 일이 있었구나' 등의 1차원적 공감을 하고선 3자적 입장에서 바라보게 된다.

아빠들도 지금 당장 마주한 전투가 있으니 그걸 해결하는 게 급선무. 이 전투를 끝내야 하루 종일 잘 놀다 잠든, 아님 아파서 병원 갔다가 약에 취해 잠든 내 새끼를 볼 수가 있다(빨리 끝내면 정신 차린 내 새끼도 볼 수 있다).

밖에서 일하느라 아이와 절대 시간을 보내 주지 못하는 아빠가 아이와 가질 수 있는 애착이 물리적으로 크지 않다는 얘기다.

주말에 같이 시간 보내는 건 또 다른 문제다. 월요일이 돼서 떨어져야 한다는 생각을 하게 되면 그냥 주말에 잠시 애를 봐 준다는 생각만 들고, 아이를 이해할 시간이 부족하기에 그 시간이 힘들고 이 시간이 지나가길 바랄 뿐이다.

내가 아이와 하루 종일 같이 있다 보니… 아이를 이해하는 깊이가 달라졌다.

하루 종일 잠을 이렇게 자고 식사를 이렇게 하고 놀이를 이렇게 하는구나 하는 걸 눈으로 보다 보니, 아이가 짜증내거나 투정 부릴 때 이유를 알게 되고 그러다 보니 나도 화가 안 나더라(그동안 화내서 미안해).

그동안은 엄마가 볼일을 보러 가거나 아이가 잠자다 중간에 깰 때 엄청 겁이 났는데, 이젠 겁나지 않는다. 아이는 어떤지 모르겠지만 내가 아이에게 애착 형성이 크게 된 것 같다.

덕분에 아내도 마음 편히 복직하고 아이 못지 않게 적응도 잘할 거라 믿는다.

휴직은 정말 꼭 권해 보고 싶다. 아이가 바라보는 시각을 이해하고 아이의 삶을 알 수 있게 된다. 그렇게 되면 말은 안 통해도 생각이 통한다. 그러면 우리 관계는 어려울 게 없다. 그래도 어렵겠지만 내 개인적으로는 아주 만족스럽다.

내일도 잘해 보자!

Ep. 16 아이들의 어린이집 생활

2주째 어린이집에 출근하고 있다.

아이 적응 기간이라 가서 숨었다가 아이 옆에 있었다가를 반복하고, 부모나 조부모님이 적응을 도와주지 못하거나 적응이 필요 없는 아이들을 선생님들과 같이 돌보고 있다. 점심 준비도 돕고 장난감도 같이 치우고… 이 정도면

어린이집 보조 교사의 보조급

무급 취업자 보조보조(애니메이션 <보노보노> 아님)

여기 어린이집은 나름 '어린이집계의 삼성'이라 불리는 곳이다. 매우 체계적이고 선생님들 대우가 좋아서 나름 보육의 질이 좋다고 알려져 있다(나도 들은 얘기임). 와이프 직장 내 설치된 직장 어린이집이라 어린이집에 보내기에는 국공립 어린이집보다도 좋은 최선의, 최고의 장소이다.

이 얘기를 깔고 가는 건, 다른 어린이집은 적응기에 이보다 못한 수준으로 아이를 케어할 것임을 짐작할 수 있다는 말을 하고 싶기 때문이다. 이걸 전제로 하여 이번 에피소드는 아이를 적응기 없이 그냥 맡길 수밖에 없는 상황에서 아이들이 어떻게 적응하는지 적어 보고자 한다.

보조 교사의 보조(보조보조) 체험기

슬픔 주의

우리 아이가 있는 반은 2017년생들이 있는 반으로 만 2세가 될동말동한 3세 반. 가장 어린 반이다. 3세 반은 반이 두 개다.

한 개 반에는 1명의 메인 선생님과 1명의 보조 선생님이 계시고 8명의 원생이 있다. 그 와중에 1~2명 정도 안 나오면 평일 2명의 교사가 6~7명을 케어한다.

선생님 두 분은 미혼에 20대 중후반 정도로 보인다. 아이를 잘 케어할 것처럼 보이긴 하나, 부모도 분노를 참지 못하는 경우가 있는데 젊고 애도 없는 분들이 어떻게 마인드 컨트롤하는지 대단할 따름.

아이들을 아침 8시부터 저녁 7시 혹은 8시까지 봐 준다. 적응 기간을 잘 활용할 수 있는 아이들은 처음에 부모가 같이 있으면서 두 시간부터 조금씩 늘려가는데, 아이를 적응시켜 줄 누군가가 없는 아이들은 그냥 와서 풀타임으로 또는 처음부터 3~4시까지 있으며 낮잠까지 자고 누군가 픽업해 간다.

그 사이의 과정을 우리 반 원아들을 예로 설명하려 한다. 현재 우리 애는 8시 반쯤 내가 데려오고, 점심까지 먹이고 데리고 나와서 그 시간 이후의 모습은 정확히 모른다.

1번. ○준(남아)

맞벌이로 엄마가 아침에 맡기고 적응기 거의 없이 낮잠까지만 자고 조부모님이 찾아가시는 듯하다. 적응기 초반에 엄마가 휴가 쓰고 그 이후는 이틀 동안 조부모님이 오셨다. 그런데 요즘은 안 보이신다. 픽업만 하시는 듯.

엄마랑 어린이집 들어오자마자 울기 시작해서 엄마랑 헤어질 때는 뭐… 통곡하고 난리도 아니다. 엄마는 급히 자리를 뜬다. 신발 들고 자꾸 문 밖으로 나간다 해서 한동안 신발 신고 방에 있었다.

엄마가 가고 내가 우리 아이를 데리고 나올 때까지 계속 울었다가 다른 거(선생님의 노력)에 정신 팔렸다가를 반복한다.

생각나면 엄마를 찾으며 울고 또 울고 또 울고, 2주일째 매일 10분 단위로 운다. 불쌍하다. 내가 내 아이와 같이 있는 모습을 보며 되게 슬픈 눈을 한다. 선생님이 달래려고 엄마한테 전화하는 시늉을 한다. 잠시 달래지지만 아무리 전화해도 오지 않는 엄마를 느끼며 얼마나 절망감을 느낄까 싶다.

2번. ○희(남아)

이 아이도 1번 ○준이와 비슷한 패턴을 보인다. 거의 적응기 없이 풀타임 맡겨진 듯하다.

엄마가 맡기고 거의 바로 가시는데, ○준이처럼 엄마를 찾았다가 다른 거 했다가 계속 울고 쉬고를 반복한다. 엄마 찾으며 우는 시간이 더 길고 잦다. 이 아이는 더 짠한 게 각 반마다 원아들 가족 사진 출력해 놓은 게 있는데, 자기 가족 사진 찾아서 들고 다니면서 "엄마, 엄마" 찾는다(하…).

3번. ○우(여아)

처음엔 엄마가 휴가 내고 오다가 요즘은 외할머니가 데리고 오시는데, 애는 할머니가 오셔서 그렇지 적응기를 좀 갖는 아이다. 다만 엄마랑 떨어지는 것부터 힘들어하고(엄마는 작년 하반기부터 복직), 할머니 없는 순간부터 운다. 잠시도 떨어지면 운다. 계속 운다. 오늘은 점심때 울다 잠들어서 밥 먹는 걸 못 보고 나왔다.

4번. ○범(남아)

1주차 때 아빠가 매일 데려오셔서 이 아빠도 육아 휴직 하셨나 했는데 2주 차부터 아이 보내시고는 안 보인다. 누나가 같은 어린이집 다른 반에 있고, 늘 핑크 옷을 입길래 여아인가 했는데 남아다. 누나 옷 물려 입은 거로 추정된다.

누나가 옆에 있어서 그런가 적응을 어마무시하게 잘했다. 울지도 않고 밥도 잘 먹는다. 그런데 아무나 보고 아빠라고 해서 마음 아프게 한다.

거기에 2주차 때부터 코감기가 심하다. 노란 쌍콧물이 나와도 누구 하나 닦아 주기 어렵다. 선생님 탓이 아니다. 두 선생님들은 적응기 못 거쳐서 우는 아이들과 분리 연습하느라 보호자가 밖에 대기하는 우는 애들 안고 달래기 바쁘다. 진짜 옆에서 보면 선생님들 엄청 불쌍하다. (○범이 콧물은 나를 비롯해 적응기를 같이 돕는 보호자들이 가서 닦아 준다.)

이렇게 적응 잘해도 문제인 게, 초반에 적응을 바로 못하는 애들 우는 거 달래느라 이런 애들은 누구도 신경 쓸 겨를이 없어 보인다. 점심 먹는다고 손 씻을 때 한 선생님은 우는 애들 달래고 다른 선생님이 애들 손을 씻어 주긴 하는데 8명 손 씻기기가 쉽나. 누구 닦아 주는 동안 스스로 닦는 아이도 있고, 손 씻는 와중에 소매 걸어 주는 사람 없으면 다 젖은 채 밥 먹다가 마르는 거다.

밥도 8명을 먹이는데, 선생님들의 우선순위는 우는 애와 스스로 못먹는 애들이다 보니 그 애들부터 붙어서 먹인다. 지금은 적응기라 나같이 옆에서 밥 먹여 주는 보호자 있는 애 빼도 몇 명이 남는데, 그런 애들은 혼자 먹다가 흘리고 국에 손 넣고 해도 뭐… 할 수 없는 것.

애들이 뭐 얌전히 먹어 주기나 하면 다행. 우리 아들도 오늘 국 먹다가 소매를 국그릇에 담궜다. 한 녀석은 다른 아이 국 그릇 엎고… (1·4 후퇴 때의 난리 버금간다.)

오히려 적응 잘하는 게 더 안 좋은듯…. 아니다. 그래도 부모 찾으며 울진 않으니 맘이 덜 아픈가…. 뭐가 답인 건지….

5번. 여○(남아)

내가 참 예뻐하는 애다. 얘도 적응 잘했다. 누구보다 빨리 3일 만에 부모 없이 여기서 생활한다. 그런데 밥도 잘 안 먹고, 엄마나 아빠를 찾진 않지만 울지도 않는다. 바닥에 배 깔고 엎드려 있거나 잘 웃질 않는다.

오늘 내가 차가 안 막혀서 일찍 왔는데 엄마랑 온 모습을 봤다. 엄마가 간다 하니 우는데, 금방 체념하는지 돌아서고 가는 엄마한테 인사도 안 한다. 불쌍하다.

요즘 나도 분리 연습한다고 종종 밖에 나가 있는데 우리 아들 울음소리가 들렸다. 슬쩍 보니 현관 앞 미닫이문에 매달려 "아빠, 아빠"를 외친다. 문도 두드리고 소리도 지르고….

마음이 너무 아프다. 우리 애뿐 아니라 다른 애들도 같이 매달려 있다.

나만 아빠지 옆에 비슷한 처지의 할머니들과 "이게 도대체 맞는 거냐" 하며 속상해한다(그 와중에 육아 휴직 낸 거 깨알 어필 — 저 실업자 아님).

한 시간 반이 지날 무렵 반으로 간다. 이 정도면 오늘은 됐다 싶다. 하지만 어린이집 측의 훈련 방식도 이해해야 하기 때문에 선생님과 눈을 먼저 마주치고 들어가도 되는지 묻는다. 오늘은 이 정도면 됐단다.

들어갔더니 내가 벗어 놓은 가방을 들고 이 녀석이 입구에서 울고 있다.

아, 내 새끼···.

눈은 빨개져 가지고는 날 보며 웃고 "아빠, 아빠" 그런다. 왜 자기 두고 갔느냐는 원망도 없다. 그냥 내가 반갑다.

조용히 구석으로 손잡고 가서 "아빠 안아 줘" 하니 안아 준다. 뽀뽀도 해 준다. 한동안 허벅지에 앉혀서 마주보고 안았다가 가슴을 쓰다듬고를 반복했다. 말도 못 하는 녀석이 맨날 보던 사람 없다고 통곡을 하고 찾고(그럼에도 불구하고 집에서 엄마 있을 때 "엄마가 좋아, 아빠가 좋아?" 물으면 "엄마" 란다. 엄마는 최강이다).

적응기를 거치지 못한 애들이나 분리 연습하면서 슬픈 애들이나 마음이 찢어진다.

이렇게 살아야 되나 싶기도 하고··· 지금은 지켜보는 부모라도 있지 적응기 끝나서 어린이집 사람들만 있는 경우는 어떨지, 또 이보다 환경이 열악한 어린이집은 또 어떨는지···.

이게 맞는 건지 싶은 오늘이다.

매일매일 통곡하는 애들과 자기 애도 아닌데 그런 감정과 체력을 소모

하는 선생님들도 너무너무 불쌍하다(선생님들한테 기프티콘이라도 보내 주고 싶다. 번호라도 달라 해야 되나…).

"저··· 핸드폰 번호 좀 알 수 있을까요?"

애 딸린 아저씨가 노망난 게 아니고요…

모두들 웃는 날이 오길… 나와 봄봄이는 오늘 어린이집에서 12시에 나왔고 미세먼지가 없길래 용인 민속촌에 갔다. 춥긴 했는데 나름 데이트 잘했다.

어젠 경기도 어린이 박물관, 오늘은 민속촌, 내일은 서대문 자연사 박물관에 갈 예정이다. 매일매일 아들과 추억 쌓기 중….

곧 우리 아들도 잘 적응할 수 있을 거야. 천천히 해도 돼.

Ep. 17 아빠는 육!아(我) 휴직 중

휴직한 지 2주가 되니 날짜 개념이 없어진다. 오늘이 무슨 요일인지 며칠인지 등은 아침에 아이 등원시키는 동안 듣는 라디오 아니면 확인하기 어렵다.

그마저도 똥강아지 녀석이 뽀로로 노래 틀어 달라고 하면 라디오는 못 듣는다. (뽀로로 영상은 안 틀어 준다. 이것에 대해서는 언젠간 한번 써 볼 참이다.)

노!는 게 제일 좋아~ 친구들 모여라~ ♬

애증의 뽀로로

게다가 오늘은 오랜만에 군대에 다시 가는 꿈을 꿨다. 이번엔 그래도 상병 때로 갔다. 나는 새도 떨어뜨린다는 상병 말이었는데 보초 서다 지나가는 일병한테 계급장 못 보고 경례해 버리는 빡치는(?) 일을 겪다가 깨 버렸다.

제대한 지 12년이 지났는데 이게 뭔 일이람…. 아침부터 기분 별로다. 요즘도 분기에 한 번은 꾸는 군대 시절 꿈.

불과 얼마 전에 쓴 일기에는 육아 휴직은 남편도 꼭 한 번 써 봐야 하고, 아이를 더 이해해서 화도 안 난다고 썼었는데….

아… 시간이 지날수록 못 참는 순간순간들이 나를 찾아온다.

분명 나는 이 아이를 이해하려 노력하고 있고, 아이를 사랑으로 길러야 하고, 눈에 넣어도 아프지 않은 아이이고, 내가 못 가져서 안달나 엄청 노력해서 햇수로 3년 만에 얻은 아이이고, 꼭 아들을 갖고 싶었는데 바로 아들로 태어나 주셨고….

이 아이에게 화내지 말아야 할 이유는 어마무시하다. 그런데 아이랑 시간을 보내다 보면 이성의 끈이 툭! 하고 끊어지는 순간이 온다. 그 끈의 내구성은 내 인내심에 비례한다.

밤에 졸려 하는 취약 시간대. 안아 달래서 안았는데 발버둥치며 내려 달라 해서 내려 주면 손 뻗고 또 자지러지게 울고. 나보고 도대체 어쩌라고.

너 안고 물구나무서기라도 할까.

요구와 수용의 무한 반복(feat. 자지러지는 울음소리)

우는데도 서럽게, 불쌍하게, 마음 쓰이게 우는 게 아니라 뭔가 안 이쁘게 우는… 악을 고래고래 쓰며 우는 아이라서 울음소리 듣다 보면 이해하고 달래려고 해도 혹은 '너는 울어라 나는 모르겠다' 하려 해도 그의 큰 목소리와 울음은 뇌 속 깊은 곳에 잠재된 폭탄의 뇌관을 건드린다.

터질 게 터진다.

이 상황이 되면 나도 아이에게 못된 아빠가 된다. 그동안 참느라 억눌렀던 웅축된 에너지가 배가 되어 발산된다. 화가 나서 소리를 지르기도 하고 엉덩이를 손바닥으로 때려 주기도 한다.

"원하는 게 뭐야!"
"그냥 울어!"
"엄마 안 와! 영영!"

미안해. 난 나쁜 아빠야.

그러면 뭐 즉각적인 더 큰 폭탄이 터진다. 울음소리가 아까 울던 데시벨의 150%가 된다(그전에 악을 쓰며 운 건 전력을 다하지 않은 거니…). 목소리 크기 잠재력이 어마어마하다.

자네 뮤지컬 한번 해 볼 텐가.

잘생긴 건 아니니 얼굴 없는 뮤지컬 배우 어떤가(신시장 개척).

저렇게 소리 지르고 나면 1초 만에 후회가 쓰나미처럼 몰려온다. "아빠가 미안해. 엄마 곧 올 거야. 오라고 전화해 줄까."

화내거나 엉덩이 때려 주고(기저귀와 바지 착용 상태다) 5초도 안 돼서 미안해하고 사과할 거면서, 아이가 컨트롤이 안 되거나 막 떼쓰고 울면 이런 아노미 상태가 반복된다.

그리고 내가 뉴스에서만 보던 학대 아빠인 건 아닌지 반성하고 심각성

내가 한다! You가 한 육아

에 대해 고민하게 된다. 이런 무시무시한 단어가 내 일기에 나오다니.

육아 휴직이 아니라 욱!아(我) 휴직이다.

나를 욱하게 만드는, 일을 쉬는 기간

과거로 돌아가고 싶다. 내가 엄마를 욱하게 하던 시절로….

아이를 눈으로 보고 기쁘고 감동하고, 가슴으로 행복하고, 귀로 부정 에너지를 수용하고, 뇌로 스트레스 호르몬 과다 분비 후 입과 손으로 거친 행동을 저지른 후 또다시 가슴으로 자책하고….

이게 또 이쁠 때, 화낼 때, 반성할 때 오는 감정들이 늘 최대치라 감정의 Up & Down이 어마무시하다. 이런 일련의 과정이 하루에 몇 번씩 반복되다 보니 애 보다가 우울증 오는 게 이해가 간다.

아이와 함께하는 건 축복이고 행복인데, 힘든 것도 사실이다. 휴직씩이나 해서 나쁜 아빠가 될 바에 바쁜 아빠가 될걸 하는 후회도 든다.

아이가 어서 말을 했으면 좋겠다. 말을 안 하니 우는 걸로 표현하고 현대인들의 인내심은 점점 줄어 가고. 아프리카 얼룩말 새끼가 태어나자마자 거의 바로 뛰어다니는 게 생존을 위해 진화된 거라는데 인간은 말하는데만 2년 이상 걸리는 상황에서 인내심의 퇴화는 계속된다.

이러다가는… 이렇게 아이 키우기가 힘들다가는 정말 멸종할 거 같다.

내 개인적인 더러운 성격에서 기인하는 문제만은 아닌 것 같다. 나도 정상인 범주 안에 드는 사람이라 생각하는데, 육아는 정말 상상초월로 엄청나다. 조금 더 수양이 필요하다.

화내지 말자…. Inner peace….

배기성이 부릅니다.

오늘도 참는다.

내 육아는 계속된다. 쭈욱….

Ep. 18 휴직하고 와이프가 번 돈을 쓴다는 것

휴직한 지 한 달이 지났다(휴직 전 휴가 포함). 반대로 와이프는 이제 복직 후 한 달이 다 되어 간다. 매달 넷째 주 우리를 찾아오는 그분.

월급님

이수영이 부릅니다. 「스치듯 안녕」.

지금은 월급 시즌이다. 시즌인 만큼 휴직 결심에 앞서 가장 걱정했던 포인트. 내가 벌지 않고 와이프가 벌어 오는 돈을 쓰는 일에 관해 좀 써 보고자 한다.

내가 휴직 직전 4개월간 회사 도서관에서 미친 듯이 부동산, 아파트, 상가, 경매 관련 책을 모조리 빌려 읽은 적이 있다. 그 책의 저자들은 부동산 투자로 월급 이외에 자신을 위해 돈을 벌어다 주는 시스템을 갖추고자 노력했고, 피나는 노력 끝에 월세 등 자기의 노력 없이 돈을 버는 경제적 자유를 이룬 사람들이다.

나도 드디어 경제적 자유를 이뤘다.

내 노력 없이 돈을 벌어 오는 시스템.

My working wife.

농담이다.

경제적 자유는 이뤘을지 모르나 심리적 불편함을 얻었다. 돈을 안 번다고 생각하니 나를 위해 돈 쓰는 게 왜 그렇게 아까운지.

아이 옷이나 용품 같은 거 쇼핑 가서 와이프가 내 옷도 골라 주려고 하면 적극적으로 거절한다. 예전엔 악어 모양 메이커 옷만 입었는데(심지어 양말도), 지금은 그게 너무 아깝고 아무렇지 않게 샀던 것들도 사기가 싫어진다.

그동안 난… 사치쟁이 된장남이었다.

이제 SPA 상품 세일할 때만 사자.

2년에 한 번씩만.

와이프도 휴직 2년간 그런 느낌으로 살았겠지만, 사회 통념에서 오는 마음의 짐이랄까? 집에서 애 보는 아빠가 엄마의 월급을 쓰는 게 어찌나 어려운지.

자존심의 문제가 아니라 와이프가 회사에서 어떻게 돈을 벌어 오는지 알기 때문이다. 상사한테 욕 먹고 하기 싫은 거 해 가면서 버는 돈이기에…. 내가 하는 거면 괜찮지만 그렇게 와이프가 번 돈을 쓰려니 어렵게 느껴지는 것일 테다.

와이프는 당연히 그러지 말라고 한다. 하지만 귀에 들어오지 않는다(그

내가 한다! You가 한 육아

렇다고 적극적으로 쓰라고도 안 한다 — 무심한 사람). 와이프가 휴직 중 돈 쓰는 거에 마음 불편함은 없었는지, 내가 더 적극적인 조치는 취해 주지 않았는지 생각해 보는 시간을 가질 수 있었다.

오늘로써 아이를 어린이집에 적응시킨 지 3주가 지났다.

3주간 우리 아이가 최대한 부모와의 분리 불안을 느끼는 걸 막고자, 8명의 꿀벌반 아이 중에서 가장 늦게까지 적응을 시키는 중이다. 등원한 지 3주가 지났는데 두세 시간 머물고 아이를 데려온다.

요즘은 낮잠을 시도해 보는 단계다. 그러면 아이를 1시 정도면 하원을 시키게 되는데, 하원 후 차로 이동하면서 아이를 재우고 2시 정도부터 6시 정도까지는 아이와 뭔가를 해도 하게 된다(집에 가면 힘들어한다. 내가).

이쯤 되면 돈 쓰는 각이 나온다.

9시까지 등원시켜서 낮잠 시도하는 1시 무렵까지 나는 밖에서 대기한다. 물론 적응기까지 한시적이다. 점심 먹기 전까지 카페에 앉아서 차 한잔 하거나, 점심때 돼서 점심 먹고 픽업하러 가면 1~2만 원 쓰기 너무 쉽다.

그 와중에 내 최애 음료는 커피빈의 퓨어 더블 초콜릿 아이스 블렌디드. 레귤러 주제에 6천 원 정도다. 가끔 용돈으로 사 먹거나 안 먹는다.

픽업하고 2시부터 키즈 카페라도 가거나 인근 박물관 등에라도 가면 또 주차비와 입장료 등이 나간다. 또 매일 차로 이동하니 기름값도 무시할 수 없다.

이렇게 내가 하루에 쓰는 돈이 3~5만 원 정도 되는 거 같다(키즈 카페 한 번 가면 뭐 2~3만 원은 껌이다). 회사 다닐 때는 교통비 빼고 1원도 안 쓴 날도 많았는데 말이다.

돈도 못 버는 남자가, 가장이, 아빠가, 남편이 와이프가 벌어 온 돈 쓸 때마다 찔린다. 그래도 아이와 뭔가를 할 때 쓰는 건 안 아깝고 덜 미안한

데, 아이 기다릴 때 내 입으로 들어가는 뭔가는 되게 미안스럽다.

'그럼 니 용돈으로 먹든가' 하는 챌린지가 올 수 있는데, 한달 용돈 20만 원이다. 기념일에 사비로 선물이라도 사려면, 가끔 주말에 친구들이라도 만나려면 건드릴 수 없는 불가촉 자금줄이다.

맛난 걸 찾는 내 입이··· 굶주린 내 배가 죄인이다.

그럼에도 불구하고, 오늘 점심엔 뭘 먹을지 고민하는 내가 싫다(싫음에도 불구하고 돼지국밥으로 결정).

나는 '우리 아이를 위해 돈 버는 것보다 더 중요하고 가치 있는 일을 하고 있다'라고 생각하며 열심히 돈을 써야 한다. 가장으로서의 내 역할을 못하고 있다는 생각부터 버려야 할 것 같다(그럼에도 불구하고 가장인데 돈을 안 버니 내가 쭈구리 같단 느낌을 지울 수 없다).

우리 아부지도, 장인어른도 요즘 나와 비슷한 행동을 하신다. 남자가 퇴직할 때가 되니 뭐 하나 사는데도 더 어려워하시고 돈에 인색해지시는 걸 느꼈는데, 휴직해 보니 알 것 같다.

조금 더 크고 말도 하고 기억도 할 나이에 휴직해서 아이와 시간을 보낼 수 있었으면 더 좋았겠다는 생각이 든다. 그래야 엄마 퇴근해서 오면 조잘조잘 오늘 한 일 얘기도 할 테고, 그러면 옆에서 보는 내가 뿌듯이라도 하지.

요즘 이놈은 두 돌도 안 된 녀석이 엄마만 오면 "아빠 압빠~" 하면서 마치 내가 오늘 시킨 양 엎드려 뻗쳐 같은 거나 하고, 엄마가 "오늘 아빠가 그거 시켰어?" 하면 무슨 뜻인지도 모르면서 "응응" 한다.

내가 한다! You가 한 육아

환장하네.

두고 보자··· 꼬맹이.

아무튼, 오늘은 월요일이고 지금은 아이 등원시키고 인근 카페다. 공부할 것 가져와서 공부하려고 준비 중이다.

와이프 회사와 우리 회사가 가까워서 이 카페도 우리 회사 근처인데···. 마치 퇴직하고 후회하다 죽어 회사 근처를 맴도는 지박령 같다. 회사 직원들이 날 볼까 두렵다.

EP. 19 잠, 그 어려운 것

　오늘은 아이가 어린이집에서 낮잠 자기에 성공한 관계로 여유롭게 식사 한 후 식후 땡이 아닌 식후 커피 한잔하며 우리 아이 잠에 대해 한번 써 보고자 한다.

　4주째 어린이집 적응기인 우리 아들은 처음 낮잠을 시도한 월요일 성공, 화요일 실패, 수요일 오늘 성공 상태다. 언젠가 한번은 써 보려던 이야기인 데 이제서야 써 본다.

　우리 아드님(상전)께서는 워낙 귀도 밝으시고 잠을 자는 주변 환경에 예 민하셔서 태어날 때부터 재우는 게 힘들었다.

　뭐 그리 아껴서 키우겠다고 수면 교육 하나 하지 않고 안아 재워 버릇 을 해서 그런지, 낮에 졸리면 23개월인 지금도 제 발로 가서 잔 적이 없다.

　낮이나 밤이나 졸리면 칭얼칭얼. 요즘은 좀 나아져서 말귀를 알아들으 니 지 기분 좀 내키고 잘 좀 구슬리면 주무셔 주시긴 하는데, 졸린데 엄마 없으면 온갖 짜증을 다 부려 주시고 23개월인 지금도 나오지도 않는 쮸쮸 물고 주무시는 우리 상전님.

　어린이집에서 쮸쮸 타령 하면 어쩌나 되게 걱정했는데, 알림장에 그런 유사한 컴플레인 안 적어 주시는 거 보면 큰 사고(?)는 없었던 모양이다.

　아직도 쮸쮸에 집착하는 모습이 나를 닮은 거 같은 게⋯ 나 어릴 적 유치원에서 1박을 했던 적이 있었다. 그때 애들을 다 재우고 젊은 선생님이 내 옆자리에서 주무셨던 거 같은데, 다음 날 원장 선생님이 우리 집에 전화를 주셨다.

"JK가 자면서 처녀 선생님 쭈쭈를 만져 가지고요."

5살짜리 손모가지를 좀 어찌 해 주세요.

내가 알고 그랬나…

그 당시에 내가 전화왔다는 걸 알진 못했지만, 자라면서 아부지가 놀리듯 나에게 저 사실을 말해 가지고 어린 나이에 되게 수치스러웠던 기억이 있다. 아직도 부끄럽고 속상한 일이다(기억이라도 나면 억울하지라도 않지).

아무튼, 이 녀석은 잠도 어렵게 들지만 잘도 깬다. 정말 귀가 밝다. 요즘은 차 카시트에서 브람스 자장가 켜 놓으면 적당한 낮잠 시간이 될 때 자 주긴 하나, 최대 1시간 20분. 유모차는 어지간하면 잠들지 않지만 자면 최대 40분, 침대에서 자 주면 최대 2시간이다.

"그러면 카시트로 재워서 옮기면 되잖아"라는 질문을 할 수 있는데, 옮기려고 드는 순간 깨 버린다. 그래서 우리 가족은 차로 이동하다가 아이가 잠들었는데 목적지에 도착하면, 그냥 주차장에서 아이가 깰 때까지 기다린다.

아이 자는 동안 개인 정비 활동을 하는데, 보통 나는 운전하다 보니 피곤해서 자고 와이프는 아이 자면 같이 자고 하다 보니 도착해서 차 대놓고 나면 세 가족이 다 자게 된다.

꿀맛 같은 쉬는 시간이긴 한데 하나 문제가 있다. 아이 카시트는 운전석

대각선 뒷자리에 있고, 와이프는 운전석 뒷자리에 앉는다. 그래서 나는 잘 때 의자를 뒤로 뉘어서 잘 수가 없고, 안전벨트만 풀고 운전 상태의 의자 그대로 잠들어야 한다. 그러다 보니 자는 중에 목이 옆으로 꺾인다.

내가 살고 있는 아파트는 6월부터 철거가 시작되는 40년쯤 된 아파트다. 그 말은 지하 주차장이 없다는 말이다.

내가 자는 모습이 추해 보일 수 있어서 나도 잘 안 보이는 곳에 주차를 한다고 하고 잔다. 으슥한 곳에 운전석에 남자가 목 꺾여 눈 감고 있고 뒷자리에도 웬 여자랑 아이가 눈 감고 아무렇게나 기대 있으면,

누가 봐도 일가족 참변

가장이 평소 주변에 육아 힘듦 토로

엊그제도 저러고 주차장에서 자다가 목 아파서 잠깐 깼는데, 경비 아저씨가 뚫어지게 우리 가족을 쳐다보고 있었다. 경비 아저씨도 놀라셨겠지만 나도 놀라고 민망하고….

뭐 아무튼… 이번에 어린이집 적응하면서 잠자는 습관도 잘 만들어지길….

잠, 그 어려운 것
참, 그 어려운 것

낮잠 잔 기특한 녀석 픽업 준비해야지.

 ··· D+031

Ep. 20 육아 휴직 중 불편한 몇 가지들

지금은 9시 등원 후 낮잠 재우고 오후 간식까지 먹인 후 4시에 나오는 맞춤형 보육(1시간 바우처 사용)이 정착 단계다.

이제 적응 기간 중이라고 누군가에게 말하기 어색한 단계랄까? 요즘은 아침에 헤어질 때도 너무나 담담한 얼굴로 빠빠이를 하고, 하원 때 데리러 가도 크게 반가워하지 않는다. 삐짐 단계인 건지 헤어질 때 뽀뽀해 달라 해도 잘 안 해 준다.

3월 4일에 첫 등원했으니 딱 한 달 만에 적응이 다 된 것 같다. 아니, 봄봄이는 한 달 만에 자기가 울어도 아빠는 나갔다가 이따가 돌아온다는 것을 받아들이고 포기했다. 낮잠도 선생님이 재워 주고 자다 깨서 울어도 선생님이 달래 준다. 그러면 얼추 진정하고 오후 프로그램을 받아들이며 나를 기다린다.

한 달을 꼬박 개근했다. 초창기 1시간을 있다 가더라도 꼭 데리고 왔다. 애가 콧물이 있거나 주변 애들이 콧물 나고 그러면 안 데려갈 법도 한데, 적응을 시켜야 한다는 목표와 학교는 무조건 빠지지 않아야 한다 생각하고 자라 온 성장 배경에 따라 등원 안 하는 건 상상도 안 해 봤다. 여긴 학교도 아니고 적응도 끝낸 거 같으니 이제 이유가 있으면 등원시키지 않을 거다.

한 달간 휴직하고 아이랑 시간을 보내면서, 아빠가 아이를 케어하고 집 안일하면서 불편했던 느낌을 좀 적어 보고자 한다.

1. 호칭

삼촌이라 불러 달라.

왜 엄마들은 자기 아이에게 다른 아이 엄마를 '이모'라고 지칭하면서 아빠들한텐 '아저씨'라고 하는 건가. 자기들은 아줌마 하기 싫은 건가.

내 와이프를 '이모'라고 지칭하고, 그 옆의 나를 보고 '아저씨'라고 하는 건 이해한다. 내 와이프는 이모고 그 남편인 나를 '삼촌'이라 하는 것도 이상하고(패륜 각), 그렇다고 이모부라고 하는 것도 이상하니 어쩔 수 없이 아저씨라고 할 수는 있다.

그런데 나 혼자 아이 데리고 어린이집을 한 달 넘게 다니고 있고, 내 와이프와 그들 엄마들이 서로 아는 것도 아님에도 불구하고 내 아들과 같은 반 아이 엄마들은 자기 아이들한테 나를 '아저씨'라 지칭한다.

와이프한테도 이 얘길 했더니 사회 통념 운운하며 이해를 못 한다. 통념 상 결혼하면 아줌마니 당신도 아줌마라 불러 줄까? 이 아줌마야(이 씨임).

보통 아저씨는 40대 중반 느낌 아닌가?

심지어 식당 아주머니한테도 기분 나쁘지 마시라고 이모님이라 불러 드리는데 아저씨가 웬말인가…. 앞으로는 '삼촌'으로 불러 주시길….

아직 총각으로 보는 사람도 많다!

겨우 30대 중반이다!

2. 유아 휴게실

수유실로 표기하지 말아 달라.

어디 롯데몰이나 어느 시설에 갔을 때, 아이 기저귀라도 갈려고 유아 휴게실을 찾으면 불편한 일이 생긴다.

이름이 '유아 휴게실'이 아니고 '수유실'이라고 돼 있는 경우, 안에 기저귀 교환 시설이 있지만 이름부터 수유실이라서 이건 뭐 내가 거기 문 열고 들어가는 것부터 남들 눈에 여자 화장실 들어가는 변태처럼 보이지 않을까 생각이 든다.

남의 시선은 둘째치고 나부터도 수유실이라고 하는 데 들어가기가 불편하다. 거의 이런 수유실에도 내부 칸막이든 천막이든 수유하는 공간이 따로 분리되어 있지만 선뜻 문 열기가 어렵다.

또한 여러 명이 동시에 쓸 수 있지만, 누군가 내부 수유 구획에서 수유라도 하고 있으면 남자인 내가 같은 공간에 있는 게 불편할까 봐 내가 더 불편하다.

심지어 이런 이유 때문에 남자 출입을 금지하는 수유실이 있는 곳도 있다.

아빠가 데려온 아이는 기저귀도 갈지 말라는 거냐.

남자 화장실에 기저귀 교환대라도 놔 주든가.

그리고 기저귀 갈 때 내 아이는 아들이지만 옆에서 기저귀 갈면서 엄마들이 쳐다봐도 별 느낌 없는데, 내 아들 기저귀 가는데 옆에 여자아이 기저귀라도 갈고 있으면 내 시선은 우리 아들 그것만 보게 된다. 그럴 수밖에 없다.

이게 은연중에 정리하고 나가다가 보게 되더라도 엄청 죄 지은 거 같고, 절대 눈알 방향 조심해야 될 거 같고, 난 딸이 없으니 딸내미 이쁘다고 얼굴도 쳐다봐도 안 된다. 그날 사회면 기사에 어린 여자아이 대상 범죄라도 나오면 더 조심하게 된다.

3. 커뮤니티 형성 불가

아들 친구 엄마랑 친해질 수 없음

나는 물론 휴직 중에 아이와 문화 센터는 가지 않지만, 지금 어린이집 등하원을 해 주면서도 외벌이 집 와이프들과 자주 마주친다. 아무래도 등하원 시간이 같으니… 문화 센터는 뭐 아줌마들끼리? 이모들끼리?(이것도 이상한데, 아무튼) 잘만 모여서 애들 데리고 키카도 가고 한다.

아무튼 나도 아이 기다리면서 근처 카페 가서 책도 보고 바로 밑에 대형 서점도 자주 가고 하는데, 같은 반 애 엄마라도 마주치면 서로 불편….

같이 차 마시면서 애들 얘기 할 것도 아니고, 수다를 떨 것도 아니고…. 못 본 척하거나 수다스러운 엄마가 아니길 빌며 눈인사만 한다.

그냥 지나가라.

말 걸지 마라, 제발.

친해져서 수다 떨어도 이상하고, 아들이랑 같은 반 아이 엄마라 맨날 보는 사이인데 데면데면 하는 것도 이상하고….

나도 같은 반 아이 엄마들이나 아빠들이랑 아이 생일 파티 하는 거 의논도 하고 싶고, 스승의 날 이런 거 챙겨야 되는지 얘기도 하고 싶은데 어렵다. 휴직한 아빠나 하나 있음 좋겠는데… 없다.

만 2세 언저리 2개 막내반 16명 중 내가 유일.

유별난 아빠

굳이 휴직까지 왜….

그리고 이건 어린이집 보내면서 생긴 불편한 심정.

4. 콧물

낫고, 나고의 무한 반복.

어릴 적 〈짱구는 못말려〉라는 만화를 보면 늘 코 흘리고 있는 짱구 친구 맹구가 나왔다. 이 만화가 묘사한 맹구는 늘 코를 흘리고 나오는데, 어린이집을 다니면 저렇게 늘 코를 흘린다는 걸 이제서야 깨달았다.

주말에 거의 나았다가 월요일에 등원하면 또 나고 또 나고… 이놈의 코가 한 달째 낫질 않는다. 약 먹이는 것도 지금은 안 한다. 굳이 먹을 필요 없을 것 같아서.

아침에 등원해 보면 나를 바라보는 아이들 코에는 늘 코가 나와 있다. 바이러스들이 서로 공유되고 교차되다 보니 애들은 코가 멈출 새가 없다. 봄봄이도 집에 오면 덜 그러다가 등원하면 심해질 때도 있고 계속 덜 그럴 때도 있고, 한 달째 이 상태다.

서로 좋은 것만 공유하자, 얘들아.

감기, 주먹 이런 거 말고.

내가 한다! You가 한 육아

5. 그대의 단어 선택(번외)

어제 있었던 일이다.

평소 우리 아이는 엄마가 퇴근하고 집에 오면 늘 엄마한테 매달려서 나에게 오지 않는다.

Nice Guy!

이런 효자를 봤나.

저녁 먹고 와이프가 아이와 놀아 주는 중에 나는 설거지를 해야 한다. 아이랑 같이 밥 먹어 보면 알겠지만 바닥에 엄청난 것들이 널려 있게 된다. 그거 다 치우고 설거지하기에 앞서 잠깐 핸드폰을 보는데 와이프가 한마디한다.

"내가 오면 여보는 육아 해방"

나는 일하고 와서 힘든데도 애랑 놀아주고 있다.

가슴 깊은 곳에서 뜨거운 핏덩이 하나가 올라온다. 하지만 요즘 아이 덕분에 수양을 많이 했나 보다. 적당히 대꾸하고, 그들이 좋은 추억을 만들 수 있도록 설거지를 시작한다.

설거지가 끝나자 와이프 오기 전에 돌려 놓은 세탁기가 세탁을 끝냈다며 노래를 한다(지난 주말 여행으로 세탁물이 많음을 그녀도 알 것).

띵 띠디리디딩, 띠리리리리리링~ 🎵

설거지를 끝내고 자연스럽게 세탁기로 가서 빨래를 널었다(아직 건조기가
없다). 그리고 그녀를 바라보며 무언의 한마디를 던진다.

육아는 해방됐지만, 가사 독박 중이다.

와이프가 오기 전에 아이 보면서 이불 털고, 환기하고, 청소기 돌리고,
어제 널어 놓은 아이 빨래 개고 정리한 건 치사해서 말 안 한다.

물론 와이프가 아이 보고 내가 일했을 때, 내가 퇴근하고 아이를 맡으
며 그녀를 육아에서 해방시켜 주지 못한 죄책감도 들었다(물론 그때도 난 설
거지 등의 일을 했지만).

별거 아닌데 거슬리는 말들이다. 남자든 여자든 집에서 애 보는 사람한
테 이런 류의 말을 하려거든 잘 돌려서 말하자. 긴가민가하게.

Ep. 21 아이 등원 후 아빠의 하루

　요즘 내 일과는 오전 8시 전에 와이프와 아들을 데리고 집에서 나와 9
시 전에 와이프 회사로 와서 와이프는 회사로 보내고, 나는 아이를 어린이
집으로 보내는 것으로 시작한다.

　아이 오전 간식 먹는 거 보고 혹은 먹이고 나와서 시간 보내다가 4시쯤
하원시키고, 집에서 집안일하고 아이 씻기고 하다 보면 또 이놈의 무심한
하루는 그렇게 가 버린다.

　요즘 내가 준비하는 자격증이 있어서 아이를 기다리는 대략 9시 30
분~3시 30분 사이에 공부를 하는데, 카페에서 좀 하다가 시끌시끌하면
공부가 안 돼서 지하 주차장 내 차에 앉아서 공부를 한다.

　가끔 주차장 관리인분이 돌아다니시거나, 주차하는 사람들이 뭐지 하
고 쳐다보지만 꿋꿋하게 핸드폰 플래시를 켜고 책을 본다(불빛 때문에 밖에
서 더 잘 보인다).

　브런치 같은 거 먹으면서 카페에서 공부해 봤는데 역시 공부는 주차장
이 최고 잘된다.

　아무튼 화장실 갈 때나 밥 먹을 때, 아이 하원시킬 때, 필요한 간식 살
때 빼고는 어둡고 컴컴한 주차장에서 하루의 상당 부분을 보내는데 갑자
기 생각났다.

주차장을 떠나지 못하는 남자

모 은행 본사 주차장 정착남(영화 <터미널> 참조)

아이와 9시 전에 와서 간식 먹을 때까지 다른 아이들이 등원을 한다. 보통 엄마들이 직원일 때 우선으로 어린이집 당첨이 되는지라 엄마가 출근하면서 아이들을 데려오신다.

그러다 보면 9시 임박해서 아이를 데려오시고 또 급하게 아이 놓고 나가시는 분도 계신데, 그 과정에서 아이와 정서적인 안정 속에서 분리되는 게 아니라서 아이는 울고 엄마는 미안해하며 뛰어나가고….

여유가 있는 내가 그 아이들을 받는다(선생님들은 간식 준비와 기존 등원 아이들 케어 중).

"엄마 늦은 거 같은데?"

"엄마랑 빨리 인사할까? 엄마 빠빠이~."

"엄마 늦으면 위에 아저씨한테 혼나."

"아저씨랑 점퍼랑 양말 벗어 볼까?"

이 은행 본사 건물 중 어린이집과 주차장에 하루의 1/3은 머무는 것 같다. 심지어 잠도 잔다.

자주 왔다갔다하면서 가드분들과도 늘 인사하고, 아이들 하원 때문에 일찍 퇴근하고 위에 눈치 보일 아이 엄마들이 출근이라도 늦지 않게 도와주는, 왜인지 모르지만 은행에 상주하는 키다리 아저씨 같은? (순전한 내 생각.)

초라한 주차장 거주남이 이 건물에 상주하면서 훈훈하게 살아가는 모습에 〈터미널〉이란 영화가 떠올랐다. 나쁜 버전으로 말하면 초라한 행색에 늘 지하 주차장 차 안에서 숙식을 해결하는 카푸어 청년 백수 같은 느낌?

출근을 하지 않다 보니 뭐 옷차림은 신경 못 쓸 때가 많다. 아침에 눈 뜨자마자 씻고, 비몽사몽 아들 준비시키고 1시간 동안 막히는 강변북로와 종로를 동에서 서로 관통하려면 정신이 없다(핑계).

그동안 '바쁜데 옷 챙겨 입는 건 사치'라는 생각을 해서 내 행색이 초라해 보여도 괜찮았었다. 그리고 아이 등원시키는 주변 할머니들께 적극적으로 '나는 육아 휴직 중'이라는 걸 어필해 와서 내 행색이 초라해 보여도 괜찮았는데, 그제 아침 나를 깨우는 일이 있었다.

봄봄이와 내가 주차장에서 등원하는 중에 우리 반 아이 두 명도 아빠와 함께 등원을 했다. 보통 엄마들이랑 등원하는 애들인데, 풀정장을 입고 머리를 빡! 세운 아빠들과 같이 엘리베이터를 타고 올라가는 중에 왜 그리 내가 초라한지.

체감 느낌 차승원 정도

얼굴 빼고

청바지 입고 큰 강아지가 그려진 맨투맨 티 입고(얼마 전 와이프가 사 준 악어 브랜드 야상은 차에) 아이 안고 올라가는데 나도 모르게 비교가 됐다. 카푸어 청년 백수 아빠랑 번듯한 직장의 풀정장에 세련된 아빠.

그동안 등원시키는 엄마들을 봤을 땐 여자들 출근 복장에 그다지 신경 쓰이지 않았는데, '나도 정장 있는데', '입으면 지금보다 멋있는데'라고 생각하니 조금 마음이 쓰였다.

그보다 와이프랑 점심이라도 먹으려면 너무 거지같이 입지는 말아야겠다는 생각도 스친다. 모르는 사람들이 보고 "저 직원 남편 백수인가 봐"라고 소곤거리면 우리 와이프는 집안 부양하는 불쌍한 여자가 되는 거니…. 안 그래도 집에서도 후줄근, 밖에서도 후줄근…. 그러면 내가 매력 없어 보일 것 같다. 남편이기 전에 남자로서의 매력은 잃지 말아야지.

그리고 우리 아들한테도… 남이 보기에 우리 아들 아빠가 초라한 아빠 같아 보이는 건 싫다. 앞으로 신경 써야겠다.

그리고 가끔은 회사 갈 일 생겼다고 뻥치고 머리 세우고 풀정장 좀 입어 줘야지.

오늘 특별히 정장 입고 설거지할까?

섹시해 보일 거야.

Ep. 22 아들이 물었다

원래는 휴직 중 이직 관련 내용을 쓰려고 했는데, 오늘 일어난 일을 좀 써 보고자 한다.

엄·근·진

엄마 아빠의 **근**심거리 생겼다. **진**짜다.

(엄격, 근엄, 진지 아님)

오늘도 9시에 아이를 데려다주고, 무심한 빠이빠이를 받은 후 뽀뽀를 구걸했지만 못 받고 나왔다. 평소처럼 주차장에서 공부할까 하다가 월요일이기도 해서 카페로 가서 커피 한잔 하며 책을 보고 있었다.

11시도 안 된 시간에 어린이집에서 전화가 온다. 아이가 나를 많이 찾는다는 것이다. 많이 울고 컨디션이 안 좋아 보인단다. 1달 반 동안 초기 적응기 빼고 이렇게 불려 가긴 처음이다.

아침에 차에서 졸려 하던 게 생각나서 너무 졸려서 짜증이 났나 싶었다. 점심까지만 내가 같이 먹이고 데려갈 생각이었는데 가 보니 상황이 심각하다.

아이는 날 보자마자 울면서 집에 가자고 한다. 뒤도 안 돌아보고 내 손을 현관으로 잡아 끈다. 선생님 두 분의 표정도 심상치 않다. 뭔가 상기되어 있고 '빨리 애 좀 데려가세요' 하는 표정이다.

이거 점심이고 나발이고 아들 보호 차원에서 여기서 데리고 나가야 한다는 생각이 스친다. 안 데리고 나왔다가는 아이 마음이 다칠 것 같았다.

밥도 못 먹고 도망치듯 나왔다. 나와서도 진정이 안 됐는지 차에 앉아서도 계속 불안정하다가 차에서 좀 자고 나서야 진정이 됐다.

나중에 확인한 어린이집 알림장에는 무시무시한 이야기가 적혀 있었다.

아이가 물었단다.

'친구에게 물었다'가 아니고…

친구를 물었다.

내가 우리 아이를 데리고 어린이집 다니면서 몇 번 다른 애들 때리는 걸 보긴 했다만 깨문 걸 본 적은 없었던지라 매우 놀랐다(물론 얘도 다른 반 애한테 뺨 맞은 적 있다. 여자한테 매우 약하다).

내가 특별히 이뻐라 하는 11월생 A는 동급 최강 몸무게와 사이즈인 우리 아들(4월생)과 비교해 너무 가볍고 작아서 귀여워했는데, 그걸 본 우리 아들이 질투가 났는지 A를 싫어한다. 괜히 때리고 밀친다(그래서 늘 미안한 마음으로 더 미안해하고 예뻐하는데 내 아이가 더 미워하게 되는 악순환이 되어 요즘은 말을 걸지 않는다).

그리고 맨날 누나 옷 입고 오는 핫핑크 베이비 B는 덩치가 우리 아들보다는 조금 작지만 강단이 있다. 오늘 문제가 된 아이는 B다.

주로 우리 아들이 나를 난처하게 만드는 일은 늘 A를 상대로 한다. B를 물었다는 게 의외였다. B랑 요즘 자주 투닥거리긴 했는데, 둘 다 활발하다 보니 B가 내 아들을 먼저 밀치는 것도 자주 보아 왔던 터다.

우리 아들은 엄마 쮸쮸 먹던 시절, 엄마 젖꼭지를 깨무는 것 외에 치악력을 사용해 본 적이 별로 없다(밥도 부드러운 것만 먹었으니).

손과 발이 정말 큰 편이라 물건을 던지거나 손으로 치거나 발로 차는 등 손발을 주무기로 삼는다(무기는 손발이면 충분하고 이까지 활용할 필요성이 없다).

그런데 최근 변화가 생겼다. 엊그제 내 손을 물려 하길래 그냥 지켜봤더니 정말 물었다. B를 물었다는 게 거짓말은 아닌 듯하다. 제법 셌다.

이번 사건의 전말은 이렇다. 선생님이 바로 본 건 아니고, 그래서 왜 물었는지는 모르나 창가에서 둘이 붙어서 놀다가 우리 아이가 B의 관자놀이 부근을 물어서 이 자국이 났다고 한다.

전부터 어디 가서 우리 아이가 맞는 것보다는 때리는 게 더 낫다고 생각했는데, 이것도 아주 마음이 불편하다. 물린 아이한테 미안한 건 뭐 말할 것도 없고(내가 이기적인 거 안다. 저쪽 부모는 우리가 얼마나 미울까? 이해한다).

말도 못하는 애한테 어떻게 주의를 줘야 할지도 모르겠고, 말한들 알아들을지, 또는 아이가 억울한 감정이 들지는 않을까 싶어 조심스럽기만 하다. 물론 남의 집 귀한 아이 다치게 한 게 가장 속상하고 그걸 우리 아이가 했다는 것도 죄책감이 든다.

이유불문, 정말 죄송합니다.

진심 × 100

와이프가 원장님과 통화해 사과의 말과 필요시 B 부모에게도 연락하겠다는 뜻을 전했다. 사과는 와이프가 유선으로 했지만 내일 당장 그들과 맞닥뜨리는 건 나다. 어떤 얼굴로 선생님들과 물린 B를 대해야 할지 난처하다.

게다가 오늘 우리 아들, 평소답지 않게 하루 종일 시무룩하다. 선생님을 되게 좋아하고 따랐는데, 친구 깨물고 주의를 받아 마음의 상처를 입은 것인지 아이가 주눅이 들어 있다.

B가 먼저 실수를 했든 뭐든 친구를 문 건 잘못이다. 그런데 아이가 잘못을 하고 잘못을 지적하는 방식을 받아들이는 과정이 상처가 되지 않았으면 좋겠다는 마음이다. 그래서 자기 전에 이야기를 했다. 알아듣든 못 알아듣든.

우리 아들 마음이 다쳤는지

지금은 괜찮은지

친구를 문 건지

왜 물었는지(대답을 기대한 건 아니다)

실수할 수 있는데 다신 그러면 안 된다고도···

아들의 잘못은 부모의 잘못이다. 혹시라도 B의 부모님을 만나면 사과도 해야지.

최근 이직 관련 제안이 있었고 오늘 조건 등의 차이로 거절했다. 이 얘기 다음에 써 볼 참인데, 오늘 일을 겪고 보니 잘했다는 생각이 든다. 우리 아들, 조금 더 내가 필요하단 생각이 든다.

내가 한다! You가 한 육아

내일은 아이한테 어린이집 가자 하고 싫다 하면 가지 말아야지. 그리고 다음부터는 절대! 친구들 때리거나 물지 말자.

사랑들이 아빠가 집에서 엄마 무는 줄 알아.

아들도 나도 엄마도 마음 아픈 날.

Ep. 23 올해의 이동운

2019년 6월, 우리 가족은 우리의 첫 집으로 입주를 한다.

우리 봄봄이가 태어나자마자 내 머릿속을 꽉 채운 위태롭지 않은 우리의 보금자리 마련. 우여곡절이 많았지만 2년을 기다려 드디어 들어간다.

아무튼 2019년은 이미 나에게 이동운이 있는 해다.

그런 역마의 해, 하원하고 어린이 대공원에 갔다가 한 통의 연락을 받았다.

A회사 xx 포지션이 오픈되었습니다.

그대, 지원 의사가 있는가?

휴직 중 이직 제안!

지금 회사에 불만이 있다기보다, 휴직 중 정체되기 싫은 개인적 욕심과 스스로의 발전, 그리고 내 가치를 파악하기 위해 응했던 헤드헌터의 제안.

잘 알려지진 않았지만 국내 세 손가락에 들어가는 그룹 계열사였고, 신용평가 AA-급의 내실 있는 회사였다.

헤드헌터의 이런 제안은 나 정도의 연차에 흔히 받는다. 가장 이동하기

쉬운 8년 차 언저리. 대체할 인력도 많고 이탈도 많다.

헤드헌터들은 일단 의뢰 회사의 조건에 조금이라도 부합하는 사람이라면 무조건 연락하기 때문에, 응한다 해도 인터뷰까지 이루어지기가 매우 어렵다. 그런데?

그게 됐다.

서류 전형, 실무자 면접, 임원 면접까지.

기대도 안 하고 헤드헌터한테 다 맡기고 아이 쫓아다니며 면접만 두 번 보고 왔는데, 저쪽 회사에서 날 좋게 본 모양이다.

이사 가기 전에 회사부터 옮기게 되는 이동운 폭발하는 해가 되는 건가 하는 찰나였다.

최종 합격 통보를 받고 나서 나한테 현재 회사가 매긴 가치에 대한 증거물들을 영혼까지 끌어모아 보냈고, 저쪽 회사에서도 조건을 제시해왔다.

기존 내 연봉에 5% 인상

복지는 저쪽이 약간 더 좋음

경력 이직 시장에서 이동을 하게 되면 10% 정도 인상을 해서 가는 게 보통이다. 그러나 나는 건설 회사에 재직 중이고, 보통 건설사 연봉이 타 산업 대비 높기에 타 산업 이직 시 그 연봉을 맞춰 주기가 어렵다.

나에게 제시한 5% 인상된 금액도 저쪽 회사 동일 연차보다 훨씬 높은 수준이었다. 저쪽도 최선을 다해 내게 이적 명분을 준 것이다.

그런데 막상 이동하려 하니 겁이 난다. 그리고 그 겁이 개인적인 욕심으로 변한다. 나름 큰 회사 그룹 공채고 평가도 좋고, 내년이면 여기서도 과장이라 인상이 더 될 거고… 5%가 불만족스러워 안 가야 할 이유를 찾는다. 내 가치를 끌어올리기 위한 전략이기도 했다.

결정적으로 지금은 직장이 종로고, 6월에 입주하는 집도 종로 근처인 동대문이다. 아이는 와이프 직장 어린이집에 다니고 있고, 내 현 직장은 와이프 회사에서 걸어 5분이다.

아이가 향후 3년간 같은 어린이집에 다닌다 했을 때, 이보다 좋은 환경이 없다. 셋이 같이 출근하고 일찍 끝나는 사람이 데리고 하원하면 되는 아주 훌륭한 조건이다.

이직 후보 회사는 강남이다. 새로운 도전과 내 가치 인정을 위해 많은 것을 포기할 수 있지만, 그 많은 것 중에 가족과 관련된 것이라면 얻어야 하는 게 더 많아야 한다.

투자한 시간이 아깝긴 해도 큰 고민 없이 헤드헌터한테 거절을 통보한다.

"도와주신 것은 감사하나 이렇게는 못 갑니다."

10%는 받아야겠다.

그렇게 끝난 줄 알았는데 또 연락이 온다.

"회사 내규를 깨고 8%, 콜?"

네가 OK하면 사장한테 보고해 보겠다.

내가 한다! You가 한 육아

8%가 10%에는 못 미치지만, 저쪽에서 제시한 최종 금액은 우리 회사 과장 중간급 수준이고(난 현재 대리 말이다), 저쪽 회사 동급 연차에 비해 매우매우 높은 수준이란 걸 안다. 저쪽에서 상당히 노력해서 내 가치를 인정해 주었다(사실 내 실제 가치보다 더 쳐 줬다고 생각한다).

상당히 고민했다.

현재 회사의 친한 지인들은 다 가라고 한다. 처우도 이 정도면 만족이고, 저쪽에서 나를 원하는 느낌도 강했다. 성과급까지 고려하면 지금 회사와 연 1,000만 원 이상 차이다.

이제 돈 싸움은 무익미하다. 여기서 돈 더 바라 봐야 100~200만 원이고 그렇게 내 입장 관철시켜 입사해 봐야 내 이미지만 안 좋아진다.

퍼포먼스 얼마나 나오나 두고 보자.

아님 평가 바닥 깔 줄 알아… 입사한 해에 권고사직 각.

처우는 만족이다. 이동을 하려거든 지금이 최적기다. 저쪽에서 필요한 직무 관련 최근 우리 회사 퍼포먼스가 너무 좋았고, 개인 평가도 커리어 하이였다. 내 결정만 남았다.

다 좋은데 가족이 걸린다.

고려 1순위 봄봄이의 어린이집 등원은 와이프가 전적으로 시켜야 하고, 운전을 못하는 와이프가 유사시 차로 아이를 케어할 수 없다. 아이가 지금보다 힘들 수밖에 없어진다. 게다가 6월에 이사인데, 5월에 잠실에서 종로까지 엄마 혼자 등원시키기는 불가능하다. 만약 가게 되면 아부지 찬스를 써야 한다(처음부터 그 생각으로 준비하기는 했다).

고려 2순위인 와이프는 우리 회사가 바로 옆에 있다는 점을 매우 만족스러워했다. 지금 주차장에 상주하는 나랑 밥도 잘 안 먹어 주지만(그녀가 약속이 많다), 가끔 점심도 먹고 하는 게 심적 안정을 주는 모양이다. 그리고 적당히 출근하고 적당히 늦지 않게 퇴근하는 지금의 회사에 그녀도 큰 불만이 없었다.

결정적으로 2년 전 육아 휴직으로 다 된 승진에 물먹고, 동기, 후배들이 윗 직급이 된 와이프에게 올해와 내년은 굉장히 중요한 시기다. 내가 강남으로 떠나면 무슨 일이 있을지 예측 안 되는 아이에 대한 케어는 오롯이 와이프가 부담해야 한다. 급한 일이 있어도 아이 때문에 반차도 써야 하고 매우 힘들어질 게 뻔하다. 발길이 떨어지지 않는다.

그녀는 내 만족을 위한 이직을 말리지 않았다. 그렇다고 등 떠밀지도 않았다. 돈과 내 만족 빼고는 그녀에게 좋을 게 없다. 그리고 그녀에게 돈은 삶에서 그다지 중요한 요소가 아니다.

고려 3순위 기타 가족들이야 뭐 내 결정에 10% 미만의 영향을 주지만, 아들이 임원돼서 당신 장례식에 화환 100개 오는 게 소원인 우리 엄마가 약간 걸린다. 여기 오래 있다고 임원되는 거 아닌데….

그런데 따져보니 요즘 임원도 60살이면 퇴직인데, 운 좋게 임원돼도 퇴직할 때까지 엄마는 살아 계실 각. 그냥 내가 사비로 화환 100개 깔아 놓으련다.

**굴지의 대기업 1위부터 100위까지
사장 명의로 쫙 깔아 줄게.**

나만 아는 사람도 지인이지 뭐… 이건희, 정몽구, 최태원 등등.

내가 한다! You가 한 육아

결정해서 방금 통보를 마쳤다. 처자식을 생각하니 결정이 어렵지 않았다. 내가 높은 연봉받고 인정받으며 다녀 봐야 내 만족이다. 내 만족 때문에 내 가족이 불편하면 안 된다.

결정적으로 우리 아들이 아직 풀타임으로 어린이집에 있을 준비가 안 됐다. 풀타임으로 머무는 다른 아이들도 많지만 아직 두 돌도 안 된 아이인데 그러고 싶지가 않다.

입사일이 이사 이후였다면, 지금 입사여도 위치가 강북 지역만 됐어도 갔을 것이다. 인생사 모든 게 타이밍인데, 그 타이밍을 수용하는 결정에 따 1개가 미치지 못했다.

분명 아쉬운 기회다.

결과 없이 끝내기에는 나에게도 타격이 있었다. 3월부터 4월까지 근 한 달을 그 회사에 대한 공부, 직무에 대한 공부, 인터뷰 준비, 헤드헌터 면담 등을 하며 휴직 중에 목표한 자격증 공부도 소홀했다.

또 연락이 오진 않겠지. 내심 기대하지만 끝난 것 같다.

훌륭한 이직 모의고사를 치렀다고 생각하련다. 후회하지 말자. 어차피 내 인생은 나만의 것이 아닌 것. 그렇게 나의 육아 휴직 일기가 끝날 뻔하다가 부활했다.

이직인가?
아직이다.

Ep. 24 첫 휴직 급여 수령

4월 17일. 공식적인 휴직이 시작된 지 45일 만에 첫 육아 휴직 급여를 받았다.

무려 237만 원

엄마가 휴직 쓰고 아빠가 또 육아 휴직을 쓸 경우, 첫 3개월은 공제 없이(원래 육아 휴직 급여는 25% 공제하고, 복직 후 6개월 지급) 통상임금 100%(최대 250만 원)를 받을 수 있다. 급여 중 개인평가급 같은 건 통상임금에서 빠진다.

일 안 하고 아이 보는데, 돈 벌 때만큼은 아니지만 2백만 원이 넘는 돈이 내 통장에 꽂힌 게 감격스럽다. 그동안 괜히 돈 못 버는 거 같아 위축된 마음도 덩달아 풀린다.

꽁 월급 들어오고 밥값 한 거 같으니 기분 좋게 커피빈 가서 사치 좀 해 본다.

"퓨어 더블 초콜릿 아이스 블렌디드 큰 사이즈로 주세요!"

무려 6,500원

내가 휴직을 팀에 통보하고 휴직할 때까지 한 달 넘게 받았던 질문은 이거였다.

"휴직하면 얼마 나와?"

많이 나오면 나도 하고 싶다.

그 당시 내 소속 팀인 군함도팀 팀장님도 내게 저 질문을 했었다. 친절하게 얼마가 나온다고 설명해 드리니 선지색 피부를 가진 붕어상 팀장님이 눈 똥그랗게 뜨고 한 말.

"생각보다 많네? 근데 왜 세금(?)으로 그걸 줘야 해?"

구미 사람이다. 세금을 말한 거다.

들다 보니 빡친다. 저 말에 주어가 생략됐을 뿐 왜 자기가 낸 세금으로 애 보고 노는(?) 놈들 휴직 급여를 줘야 되느냐는 것이다. 못 참고 나도 한마디 날린다(앞으로 한동안 안 볼 거니까).

난 입사 8년 차 대리 말이고 팀 막내다.

다시 저 팀장 안 볼 각오로 휴직 쓰는 거기도 하고, 복직할 때 다른 팀으로 돌아오려고 어느 정도 알아봤기에 아쉬울 것도 없다.

요즘 들리는 얘기로도 그는 변한 게 없다. 이제는 새로운 타깃을 대상으로 만행을 저지르고 있다. 군함도팀 팀장답다.

휴직할 때 인사팀 육아 휴직 급여 담당이 나에게 그랬다. 확인서 등 육아 휴직 급여 신청에 필요한 제반 서류는 자기들이 보내니, 첫 달은 별도 신청이 필요 없고 두 번째 달부터 인터넷으로 신청하라고.

그래서 기다렸다.

3월 4일자로 휴직했으니 4월 4일자로 신청되면 5일 정도 후인 4월 9일쯤엔 들어와야 하는데, 일주일이 지나도 감감 무소식…. 인터넷으로 확인하니 회사에서 확인서를 보내지 않았다고 뜬다.

인사팀 이것들이 휴직할 때도 전화도 안 받고, 이것저것 챙길 거 많은데 바쁘단 핑계로 성질 나게 하더니 급여 처리도 제대로 안 하는 것 같아 빡친다.

확인서 보냈나 확인하려고 그동안 컨택했던 육아 휴직 담당에게 육아 휴직 급여 담당이 누구냐고 문자 보냈는데 씹혔다. 후배인데 버르장머리가 없다.

아쉬운 사람이 나라서 좋은 하루 보내라고 문자 말미에 적은 내 손이 밉다. 여차저차해서 담당과 통화했더니 확인서 보냈단다. 제때는 아니고 좀 많이 지나서….

그렇게 다음 날 내 자존심 같은 급여가 통장에 꽂혔다. 그냥 기다렸어도 됐고 늦게 들어왔어도 되는 돈이었는데, 괜히 내가 조바심이 난 모양이다.

꽁돈 같은데 더 힘들게 받은 느낌

적은 돈이지만 가계에 보탬이 된 거 같아 기분이 좋다. 괜히 자신감도 생기고 와이프한테 큰소리도 내 본다.

"돈 나왔다!"

먹고 싶은 거 말만 해. 말만….

신입 사원 때 받은 첫 월급보다도 적은 돈이지만 그때 못지 않은 자신감을 심어 준 귀한 돈 같다.

고마워요, 고용노동부.

4월 25일! 아들 생일 축하해! 내 새끼 사랑해.

Ep. 25 늘 그 자리에 있어 주는 너

폭풍 같은 요 며칠이 지났다. 4월 25일엔 아드님 두 돌이 있었고, 5월 3일엔 이사 갈 우리 집 사전 점검도 있었으며, 5월 8일 어버이날 기념 처가 및 본가 식사 투어도 있었다.

오늘은 무슨 얘길 쓸까 고민하고 있는데, 지금 머릿속을 스치는 것부터 적고 나서 타이틀을 붙여야겠다. 아들 생일도 입주 사전 점검도 중요해서 둘 중 하나가 되지 싶다. 어버이날 기념 처갓집 갔다가 또 딸바보의 모습을 보여 주신 장인, 장모님 얘기도 (나는) 재밌다.

한 달 전쯤에 와이프한테 부탁 하나를 했다.

"양말 좀 꿰매 줄 수 있어?"

겁나 비싼 게 겁나 잘 떨어지네.

한창 악어 모양 메이커만 입을 때 양말도 그것만 신었는데, 이게 가성비가 많이 떨어진다(다음부터는 안 신을 예정, 휴직 후로는 못 사겠음).

8~9천 원(아울렛 가도 7천 원 수준)의 가격인데 이게 양말 뒤꿈치가 참 잘 떨어진다. 찢어진 거면 내가 꿰맬 수 있는데 해지다 보니 꿰매는 데 기술

이 필요하다.

"그냥 버리지 그래? 알았어! 잘 보이는 데 놔."

최소 한 번은 꿰매 신어야겠다는 내 의지가 반영되었다.

그래서 와이프 눈에 가장 잘 보이는 곳에 올려 두었다.

히터 옆, TV 앞

와이프 최애 가전

우리가 사는 이 집은 재건축으로 인해 1월 말부터 6월 말까지 이주를 하고 있다. 매일 이삿짐 차가 오고, 5월 현재 70%는 나간 듯하다. 주말엔 한 동에 이삿짐 사다리차 두세 대 붙어 있는 일이 흔하다.

이 얘길 왜 하냐면, 우리 양 옆집이 나갔고 아랫집도 나갔다. 윗집은 최근에 나갔는지 간간히 들리던 창문 여는 소리가 안 들린다. 우리 집을 둘러싼 곳이 모두 공가라서 그런지 5월인데도 밤에 춥다. 히터를 지금도 튼다(강원도 산골 이런데 아님).

그럼에도 불구하고, 양말이 한 달째 히터 옆에 있다.

꿰매 준다며···. 혹시 히터 틀 때 안 보이니?

예전에 내가 회사 다니고 와이프가 휴직 중일 땐 요청 후 일의 완성까지 길어야 일주일이었다. 용역 발주한 지가 언젠데 아직도 그 자리에 있다.

돈 안 버는 발주처는 힘이 없다.

자연스러운 거겠지. 이빨 빠진 고양이 처지.

그냥 신어도 되는데… 그냥 신자니 신발 벗고 어린이집 들어가서 머무는 시간이 꽤 되고, 내 모습이 와이프의 체면을 좌우하니 그럴 순 없다.

그냥 내가 기술없이 막 꿰매도 되는데, 당장 급한 것도 아니고 부탁해 놓고 내가 꿰매면 괜히 와이프가 미안해할까 봐 그러지도 못하겠다.

그냥 잊은 건가 싶어 또 꿰매달라 하면 괜히 부탁하는 주제에 쪼는 거 같아서 말하지 않는다.

그래서 아무 액션을 취하지 않은 채 언제 해 주나 한번 지켜보고 있다 보니 마치 TV의 소품처럼, 집 안의 장식품처럼 원래 그 자리에 위치한 듯 늘 한결같이 자리를 지키고 있다.

늘 내 발을 감싸 주고 보호해 주지만, 역할 대비 퀄리티 대비 겁나 비쌌던… 그녀의 눈에만 보호색을 가지는 카멜레온 같은 내 양말….

베이지색 가구 위, 검은색 TV 앞, 흰색 히터 옆에 있는

곤색, 초록색 두꺼운 스트라이프 내 양말

내가 한다! You가 한 육아

잘만 보이는구먼

덕분에 일주일에 한 번은 늘어나서 쫀쫀함이 떨어지는 출처 불명의 양말을 신는다. 악어 양말이 퀄리티가 떨어지는 줄 알았는데, 글을 쓰다 보니 다른 양말에 비해 쫀쫀함이 오래가는 거 같긴 하다(미안해, 그동안 오해했어).

이걸 깨달으라는 와이프의 깊은 뜻인 건가⋯.

어쨌든 이 글 보고 나면 꿰매 주겠지⋯

오늘 에피소드는 아들의 생일도, 사전 점검도 아니게 됐다.

Ep. 26 A special day

특별할 거 없는 나날의 연속 중에 특별한 요 며칠이다.

1. 어제는 어버이날

여느 해처럼 나는 장인, 장모님께 전화를 하고, 와이프는 우리 아부지, 엄마한테 전화를 드렸다.

전화를 걸면 왜 전화했는지 목적을 말해야 하는데, 이건 뭐 "따님을 낳아 주셔서 감사합니다"라고 할 수도 없고(오글 폭발), 어버이날이라 전화 한 번 했다고 심심한 이유를 대고 만다.

전화는 어버이날이라는 대(大)행사에 필요한 몇몇 이벤트의 마무리일 뿐, 지난주에 양가에 방문해서 용돈도 드리고, 꽃도 드리고, 식사도 했다. 상투 틀고 머리 올린 자식이 최소한의 형식적인 도리는 한 셈이다.

5월은 가정 불화의 달이자 꽃집 대박의 달

양가에 보낸 꽃만 10만 원 이상

와이프와 꽃을 사려고 대형 마트 꽃집에 갔더니 역시나 사람이 많다. 나는 못 들었는데 와이프는 싸우는 커플을 두 명이나 봤단다.

"아, 됐고! 가지 마, 가지 마!"

왜 좋은 일 하려다 싸우니 들…

어버이날 전 주이니 양가에 뭔가 도리를 하기 위해 하는 준비 도중 많은 충돌이 일어나는 모양이다. 가정의 달이 아니라 가정 불화의 달이다.

그렇게 어제 사위와 며느리의 1년을 평가하는 초단기 효도를 마치고 숙제 끝낸 해방감을 느낄 때쯤, 어린이집 알림장에 뭔가 적혀 있는 걸 확인한다.

어버이날이라 어머님, 아버님께 드릴 뭔가를 아이들과 선생님들이 같이 만들었고 하원 때 준단다.

하원 때 받고 보니 어버이날을 감사하는 메시지가 있었고, 뒷면엔 우리 아들 사진이 붙어 있다. 이게 뭐라고 참… 큰 감동이고 감사하다. 이걸 기획한 어린이집에, 애들 붙들고 같이 만들어 준 선생님들에, 숟가락 얹은 내 아들에게…

그리고 잊고 있었다.

나도 3년 차 어버이였다.

효도는 안 해도 돼. 엄마 아빠는 알아서 잘 살게. 너만 잘 살아.

아무렇게나 한 것 같지만 봄봄이는 여백의 미를 강조하여
모던한 느낌이 나도록 물감을 찍는 작업을 했다.

이 녀석도 언젠간 커서 나처럼 치열하게 자기의 삶을 살아가다가 어버이날 즈음에 갑자기 효도랍시고 전화도 해 주고, 밥도 사 주고, 용돈도 주고 하겠지. 그런데 그땐 지금만큼 크게 가슴이 따뜻해지진 않을 거 같다.

고맙다, 아들아.

2. 와이프의 연수

어제부터 금요일까지, 와이프가 연수원에서 연수를 받는다. 출근을 안

내가 한다! You가 한 육아

하지만 연수원이 회사 근처라 이틀째 같이 점심을 먹고 있다.

1시부터 점심이라고 해서 아이 데려다주고 오전에 카페에서 공부하다가 시간 맞춰서 연수원 근처로 간다. 날이 너무 좋은 요즘이다.

가방 주인의 소속을 나타내 주는 시그니처가 선명한, 그리고 봄날에 딱 어울리는 샛노란 토드백을 들고 그대를 만나러 간다.

공부할 책 한 권과 핸드폰을 담기에 아주 적합하다

어제는 삼청동 맛집 검색하면 나오는 수제비집에 갔고, 오늘은 초밥집에 갔다.

어제의 그 수제비집은 오늘 주방장이 컨디션이 안 좋았는지 국물은 싱겁고 특별할 거 없는 수제비였다(파전은 뭐 먹을 만했다).

그리고 오늘 간 초밥집은 무슨 초밥 크기가 과장 좀 보태서 새끼손가락만 했다. 15,000원짜리 초밥 8피스에 소바 세트를 먹었는데 무슨 양이 어휴 초딩 급식 수준. 맛도 그닥. 다신 안 갈 예정이다.

어제 먹은 초코 빙수(14,000원)만 만족스러웠다. 간만에 데이트하는 기분 드는 요즘이다.

그리고 요즘 연수받느라 매일 7시 20분까지는 집에 오는 와이프 덕분에 좋다. 매일 바빠서 8시 전엔 못 오는 사람인데, 하원하고 집에 가서 씻기고 책 읽어 주다 보면 금방 온다. 그리고 내일은 또 금요일이다. 시간 참 빠르다.

　　　　　　　　　　　　　내가 한다! You가 한 육아

Ep. 27 운전 중엔 어쩔 수 없는 그것

지금 내가 사는 집은 잠실이고, 우리 아들 어린이집은 종로다.

다들 사립 어린이집이든 국공립 어린이집이든 놀이학교든 집 근처로 보내는데, 우리는 차로든 전철이로든 1시간 거리의 와이프 회사 직장 어린이집으로 차로 세 달째 보내고 있다.

우리 집 근처 어린이집이 없던 게 아니지만, 우리는 6월에 동대문으로 이사를 갈 예정이어서 중간에 어린이집을 옮기기도 싫고, 직장 어린이집과 동대문이 매우 가깝기도 했기에 이사 전까지 조금 고생하더라도 믿음직스러운 직장 어린이집으로 맡긴 것이다.

등원할 때와 하원할 때 왕복 두 시간 동안 우리 아들이 카시트에 가만 앉아 있어 주느냐,

그럴 리가

봄봄이는 처음부터 차를 좋아하지 않았다.

차를 탈 일이 있다면 매번 셋이 탔었기에 엄마 없이 나와 아이 단 둘이 차를 타고 움직이기 위해서는 아이가 카시트에 잘 앉아 있어 준다는 조건

이 필요하다.

그동안 우리 부부는 아이에게 거의 티비를 보여 주지 않았다. 밖에서 밥을 먹더라도 식사 중에 가만있어 주지 않기에 한 사람은 먹고 한 사람은 밖에 데리고 나가고, 교대를 하며 외식을 하곤 했다(워낙 활발하고 에너지가 넘쳐서 가만 앉아 있지를 못한다).

작년 12월에 방영한 두 돌 이전엔 어떠한 미디어에도 노출시켜서는 안된다는 내용의 〈SBS 스페셜〉 때문이기도 하지만, 몇 번 보여 주고 났더니 눈 뜨자마자 틀어 달라고 하며 중독되는 모습을 본 후로 특별한 일이 없으면 보여 주지 않는다.

"뽀로로 어디 놀러 나갔어~."
"타요는 오늘 어린이집 가서 자고 와~."

다행히 우리 아들은 포기가 빠르다. 하지만 그렇다고 해서 땡깡을 안 부리는 건 아니다.

어쨌든 영상 노출이 최소화된 아이와 둘이 차를 탈 때 만반의 준비를 했다. 좋아하는 장난감, 간식, 스티커 등등.

처음엔 칭얼대려고 하면 큰 소리로 "경찰차 찾아 보자", "어! 저기 소방차다!"라고 주의를 환기시키면서 그거 찾고 구경하는 재미에 1시간을 버텼다.

그 뒤로는 타요 버스의 친구들인 패트, 앨리스, 프랭크 장난감을 들고 다니다가 경찰차, 구급차, 소방차가 나타나면 급하게 가방에서 꺼내 쥐어 줬다(미리 주면 안 된다). 그러나 이들 삼총사는 몇 주 지나자 곧 시큰둥해졌다.

그다음 레미콘차나 덤프트럭에 관심을 보이길래 타요 공사장 자동차 시리즈를 또 사 주고, 지나가다가 보이면 또 쥐여 주고… 이런 식으로 한 달을 버텼다.

타요 시리즈는 거의 다 보유 중

그다음 방법은 군것질거리. 잘 먹는 간식을 칭얼댈 때마다 쥐여 주는 식이다. 딸기 우유, 바나나 우유, 약과, 치즈볼, 젤리 주스…. 그나마 먹어 준 것들이다. 매일 어떤 간식을 준비할까 고민하는게 일이었다.

우리 아들은 뭐든 잘 안 먹는 아이였기 때문에 군것질로도 한계가 명확했다. 그래서 동시에 준비한 게 스티커다.

타요와 친구들 시리즈 스티커와 뽀로로 스티커, 각종 탈 것 스티커(영풍문고나 종로서적 같은 대형 서점에서 판다)를 준비해서 간식이나 장난감으로 약발이 안 먹히면 최후의 수단으로 썼다.

애가 스티커에만 빠져도 40분은 버틴다. 이것도 안 먹히는 날엔 생일 축하 노래 무한으로 불러 주기 등의 기타 방법으로 버틴 것 같다.

그렇게 두 달이 지났고, 어느 순간부터 와이프와 셋이 같이 출근을 했다. 그랬기에 등원 때는 아이가 울고 짜증내도 와이프가 노래도 불러 주고 이렇게 저렇게 달랠 수 있어서 영상을 틀어 줄 필요가 없었다.

집에 올 때만 버티면 된다. 그런데 이제 한계가 온 듯하다.

어린이집에 다니고 어느 순간부터 간식을 먹고 하원하더니, 차에서 군것질 약발이 안 먹기 시작했다. 3시 넘어서 간식을 먹고 내가 4시에 픽업을 하니 먹을 게 입으로 안 들어가는 것이다.

스티커도 봄봄이가 좋아하는 캐릭터 스티커는 다 사서 보여 줬으니 그것도 시들하다.

이제 스티커로도 해결이 안 난다. 장난감은 뭐… 새로운 것을 사 줘도 가지고 조물딱거리긴 하지만 카시트에 앉아 1시간을 인내하는 것에 아무런 도움이 안 된 지 오래다.

드디어 올 것이 왔다.

타요, 뽀로로 영상이 필요한 때다.

와이프와 나는 거의 아이 교육이나 육아에 대한 생각이 다르지 않다.

처음에 집에서 심심해하고 답답해서 막 힘들어할 때, 영상을 틀어 주자고 했던 것도 아이가 스트레스 받는 것보다는 낫다는 공감대가 있어서였다. 그리고 어느 순간 틀어 주지 말자고 했던 것도 서로 느끼는 바가 같았기 때문이었다.

핑계처럼 들릴 수 있지만, 운전 중에 뒤에서 아이 혼자 울면 답이 없다. 아이에게도 고문이고 나도 운전에 상당히 방해가 된다. 장난감 들고 있다가 떨어뜨리면 아주 난리가 난다. 운전 중이라고 안 주워 줄 수도 없고 아주 위험천만하다.

한번은 계속 우는데도 끝까지 안 틀어 줬는데, 울다가 토해서 나도 뚜껑 열리고 소리 지르고 그랬다(힘들어서 울다가 토한 아이에게… 미안해, 봄봄아…).

그래서 두 달 반 정도가 지난 지금, 이제는 아이가 차에서 힘들어하면 틀어 준다. 와이프한텐 굉장히 미안하지만, 어쩔 수 없다고 생각했고 와이프도 받아들인 듯하다.

아이가 있는 지인들을 만나게 되면, 아이를 자리에 앉히기 위해 아무 고민 없이 스마트폰을 아이 의자 앞에 올려 두는 경우를 많이 본다.

지난번 근로자의 날 때도 와이프 친구 부부를 만났는데, 같이 점심 먹는 중에 우리 아이가 가만 안 있어서 내가 데리고 나가고 와이프와 교대로 밥을 먹었다. 지인 부부는 당연히 스마트폰을 보여 주는 부부였던 것 같았다.

우리가 또 유난스러워 보이면 주변 사람들과의 만남이 불편해진다. 우리가 핸드폰 안 보여 주는데 같이 만난 부부가 아이에게 보여 줄 수도 없는 노릇…. 그래서 누군가를 만나는 것도 이젠 조심스러워진다.

어제는 다음 달에 입주하는 집 입주 박람회가 있었다. 입주 청소도 그렇고 기타 시공하는 것들 계약을 해야 하는데, 엄마와 아빠를 계속 찾는 아이 탓에 아무것도 할 수 없어서 또 그 최후의 보루를 쓰게 되었다.

25개월 동안 이만하면 선방했다는 생각이 들기도 한데, 밀려드는 죄책감은 어쩔 수 없다.

아이에게 스마트폰 영상을 보여 준다는 것이 얼마나 나쁜지 증명하는 류의 연구 결과가 많이 나온 것 같진 않다. 최근에 '하루 2시간 스마트폰 보는 아이 ADHD 위험 7배'라는 기사를 본 적은 있다.

그래도 정답은 없는 것 같다. 아이도 힘들고 스트레스 받고… 그러지 말라고 차라리 보여 주는 게 나을 수도 있다. 그래서 최소화하되, 대안은 늘 갖고 다녀야 할 것 같다. 스티커나 장난감 같은 거. 뭐 그것도 이미 아이가 질려 버렸으면 소용없다.

늘 최후의 수단으로 쓰긴 하지만 점점 타협해 가는 것 같아서 나도 속상하다. 그래도 우리가 외식을 하는 등의 상황에서 최대한 안 보여 주고 있다는 점은 잘하고 있다고 생각하려 한다.

와이프는 말한다.

"그 편한 방법에 우리가 익숙해질까 걱정이야."

육아 중 최대한 보여 주지 말라고 압박 중.

나도 걱정이다.

진짜 어쩔 수 없는 상황인데도 네가 혼낼까 봐.

나는 목숨을 걸고 있는 중이라고(차 많은 올림픽대로 위에서).

나도 안 보여 주고 싶다.

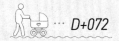 ··· *D+072*

Ep. 28 스승의 날 알림장을 해석하는 방법

오늘은 스승의 날이다.

대학 졸업식 한 게 벌써 7년이 지났다. 대학 졸업 이후로는 스승의 날과 인연이 없었는데, 아이가 생기니 신경 쓰이는, 아니 신경 써야 하는 날이 되었다.

와이프가 회사에서 친한 동료 둘이 있는데, 공교롭게도 비슷한 시기에 출산을 해서 아이들 셋이 동갑내기 친구다. 시기의 차이가 다소 있지만 올해 다들 같이 복직했다. 물론 복직한 팀은 다르다.

그중 제일 연장자 A는 집 근처 놀이학교에 보내고, 와이프와 동갑인 B는 집 근처 국공립 어린이집, 우리는 회사 어린이집을 보내고 있다.

스승의 날을 맞이하여 우리 아이 어린이집 앱에 공지물이 떴다.

아무것도 보내지 마시오.

원장 김미〇

스승의날 즈음하여

2019-05-09 오후 4:47:06

2019.05.09

[스승의날 즈음하여]

5월에는 어린이날, 어버이날 등으로 가정 뿐만 아니라 어린이집에서도 많은 행사들이 진행되어 그 어느 때보다 바쁘게 생활하게 되는 것 같습니다.

그리고...이런 바쁨 속에 "스승의 날"도 있지요.

오리엔테이션을 통해서도 말씀드렸지만, 스승의 날이 다가오며 다시한번 안내 말씀드립니다....

학부모님께서 선생님들께 보내주시는 감사한 마음...

선생님들을 철석같이 믿어주시는 마음...

지속적으로 보여주시는 관심과 사랑, 그리고 격려...

마음을 전해주는 편지...

아이들의 예쁜 미소와 눈빛...

'선생님 사랑해요'라고 말하는 우리 아이들의 서툰 말...

사랑이 가득 담긴 뽀뽀 선물...

다른 선물은 받지 않습니다.

선생님들에 대한 고마움을 담아 이런 선물만 꼭 보내주세요!!

네, 알겠습니다.

앞으로도 감사만 하겠습니다.

뭐, 준비가 필요 없겠거니 하고 말았다. 그런데 지난 주말 아내가 A로부터 연락을 받았다. 그녀의 아들 놀이학교엔 원장과 담임, 부담임, 보조 선생님까지 4명의 선물을 챙겨야 한다고 난감해한단다.

놀이학교는 우리도 예전에 한번 알아보니 한 달에 100만 원 이상 비용을 내야 하는 곳이다. '제발 아무것도 준비하지 마세요'라는 메시지를 못 받았단다.

국공립을 보내는 B도 거든다. 자기네도 아무 얘기가 없단다. 국공립인데 김영란 법에 걸리는 건 아닌지, 국공립인데도 적극적으로 하지 말란 얘기 안 해 주는 거 보면 하라는 건지. B도 고민을 했다.

국공립도 저런 고민을 하는데, '제발 아무것도 하지 마세요'라는 공지를 받았지만 사립 어린이집인 우리도 이쯤 되면 이거 해야 되는 거 아닌가 생각이 든다.

원장 김미◯

뭐라도 꼭 드려야 할 것만 같은 이름이다.

해석을 바탕으로 공부하는 학문인 법을 전공한 경력을 살려 위의 공지를 다시 찬찬히 분석했다. 와이프는 가볍게 넘겼을지 모르나 일선에서 그들과 맞닥뜨리는 나는 한 차원 더 높은 생각을 할 수밖에 없다.

눈에 띄는 문구를 발견한다. 마음을 전해 주는 편지.

마음이란 무엇인가? 순간 옛날 광고 하나가 떠올랐다. '감사의 마음을 전하세요'(OO제화 상품권)

상품권에 편지를 써서 보낼까?

편지지만 10만 원, 봉투는 공짜

그리고… 사랑이 가득 담긴 뽀뽀.

주어와 객체가 빠져 있다.

내가 원장님한테 해 드리면 되는 건가?

뽀뽀 어떻게 하는지 까먹었는데 난감하네.

6년간의 법 공부 부작용을 배제하고 사회통념상 일반적인 해석을 하고 나니, 그냥 아무것도 안 하는 게 맞다는 결론이 났다. 오늘 와이프에게 A와 B는 무슨 선물을 했는지 물었다.

A는 그 4명의 선생님들에게 헤라 선크림을 사서 보냈다고 했고, B는 스타벅스 기프트 카드를 보냈으나 거기서 안 받고 돌려보냈다고 한다.

사실 B는 국공립 어린이집 보내기 전에 같은 아파트 단지 1층에 있는 가정 어린이집에 보냈었는데(그 아이는 2살 때부터 어린이집에 다녔다), 거기는 주는 건 받았다고 했다.

결론은, 가정 어린이집과 놀이학교가 이 스승의 날에서 자유롭지 못했다.

내가 한다! You가 한 육아

놀이학교 보내는 A가 본인은 이니스프리 선크림 쓰면서 남한테 헤라를 보냈다고 하소연했다는 거 보니 웃프다.

이런 고민을 한 것과 별개로, 우리 봄봄이가 어제 오늘 열이 나서 어린이집에 못 갔다.

계속 37도 이상 미열과 약간 고열을 왔다갔다해서 병원도 두 번 다녀오고. 인후염이란다. 심한 건 아니라서 항생제는 안 써도 된다는데, 밤에 잠을 잘 못 잔다.

어린이집을 못 가니 하루 종일 붙어 있게 되고, 아파서 짜증 강도가 세지니 내가 참 힘들었다. 내일은 와이프 회식이라는데 이번 주는 내게 참 가혹하다. 다음 주에 자격증 시험 있는데… 자격증 못 따도 되니 아이만 나았으면 좋겠다.

아이가 빨리 낫길 바라며 오늘은 여기까지.

아무튼 이제 스승의 날이 쓸쓸해지는 나이가 된 것 같다.

 ··· *D+075*

Ep. 29 오늘은 좋음

오늘 미세먼지 최고 좋음, 내 기분과 아이 상태도 좋음!

아이가 지난 주말부터 미열이 나더니 일주일 내내 열로 고생을 했다.

37.5도 전후로 미열이 유지되다가 밤에 잘 때 열이 확 올라서 39도가 넘을 때도 있었다. 병원 두 군데를 갔더니 심하지 않은 인후염 정도로 말해주었다.

어린이집도 화요일 결석, 수요일 결석, 목요일 아빠 소환 및 조퇴, 금요일 결석.

아픈 아이와 하루 종일 집에 있는건 정말 힘든일이다. 하루 종일 타요와 뽀로로를 보는 아이와 그걸 지켜보는 나도 머리가 다 아플 지경. 무엇보다 우유 외에는 아무것도 먹지 않고, 짜증과 이유 없는 고집 및 땡깡이 급증하는 아이의 변화.

지난 목요일엔 그래도 열도 없고 어린이집에서는 밥이라도 먹겠지 싶어 데려갔더니, 1시간 반 만에 데려가라고 해서 확 빈정이 상했던 참이다.

아이가 많이 운다고 하길래 근처 서점에서 공부하다가 부랴부랴 올라갔다.

아이가 울고 있던 건 진정돼 있었고 점심까지 40분 정도 남았길래 집에서 밥을 안 먹으니 밥만 먹이고 데리고 가겠다고 말했다.

내가 한다! You가 한 육아

그랬더니 표정은 아쉬운 듯 난처하지만, 바늘로 찔러도 피 한 방울 안 나올 것 같은 목소리로 내가 방 안에 있으면 아이들도 엄마를 보고 싶어 한다며 그건 안 된다고 한다.

지지 않고 방 밖에 있겠다고 했더니 그러면 옆반 아이들이랑 겹쳐서 안 된단다. 이미 그들만의 답을 정해 두고 어린이집의 유연한 운영 요구에 철벽을 치는 것 같았다. 내심 빨리 데리고 가주길 바라는 듯했다.

지체하지 말고 떠나라.

그들의 입장을 이해 못 하는 건 아닌데, 이런 경우 "아이가 진정됐으니 다른 아이들에 피해 없게 40분만 나가 계시면 아이 식사까지 마무리할게요. 그다음에 데리고 가세요" 또는 "아이와 잠깐 산책하고 오신 다음에 점심 먹고 가세요"라는 따뜻함 정도는 내가 기대할 수 없는 거였나?

나의 두 번의 '일시적 잔류 요청' 공격에 대안 없이 안 될 이유만 대길래 더 말 안 하고 데리고 나왔다.

구차하게 구걸하지 않겠다.

당신도 애 한번 낳아 보면 이 감정 알겠지.

내가 유사시 데려갈 수 있었기에 망정이지 아니었으면 천덕꾸러기 취급 받을 뻔했다. 그들도 컨디션 안 좋은 애는 보낼 수 있으면 보내고 싶겠지…. 그들을 원망하는 건 아니다. 그냥 그 순간 너무 보내려고 하는 게 보였어서 그런 것일 뿐.

오전에 아이 맡기고 알림장에 정성스럽게 약은 어찌 주고 어제가 스승의 날인데 감사하고 주저리주저리 쓴 게 무색해졌다. 아이가 집에 있는 것보다 친구들이나 선생님이랑 있으면 컨디션이 더 좋을 것 같다고 생각한 게 예상이 조금 빗겨간 모양이다.

오히려 다행스러웠다. 우리 아이는 그래도 컨디션 안좋으면 아빠가 데려가는 아이니까 선생님들이 힘든 아이라는 인식은 안 하지 않을까?

휴직을 1년을 다 써야 될 깃인가에 대한 고민이 스친다. 안 그래도 지난 목요일에 작년부터 이동하고 싶었던 팀 팀장님으로부터 전화를 받은 터다.

"이사는 잘 했어요?"

아직 한 달 남았는데요.

7월에 내가 복직할 상황이 된다면 군함도팀 팀장님께 나의 이동을 요청하겠다고 하셨다. 복직은 돌아갈 자리가 있을 때 하는 게 가장 좋다. 7월의 내 운명은 나도 어떻게 될지 모르겠다.

어쨌든 맞벌이에 유사시 데려갈 조부모도 없는 그런 아이가 아플 땐 어떤 모습일지 너무 안타깝다. 참 아이 키우기 힘든 세상이다.

그렇게 일주일을 힘들게 버텼던 우리 아이가 오늘 눈에 띄게 많이 좋아졌다.

아침부터 기분 좋게 깨 주었고, 점심까지는 식사를 안 했지만 수박 같은 입맛 돌아올 만한 것들을 먹어 주었다(어제 이 15kg짜리 똥강아지를 왼팔로 안고, 다른 한손으로 수박을 들고 200m 이상을 걸어온 보람이 있다).

낮잠을 두 번 주무시더니 저녁엔 킥보드도 타 주시고, 3일 만에 밥을 먹어 주심에 내 기분이 다 날아갈 것 같다.

석촌호수 가서 산책도 하고, 롯데몰 가서 아이스크림도 먹고, 저녁도 먹고 왔다. 집에 와서 씻자마자 바로 주무셔 주시기까지… 아이의 행동 하나하나가 내 모든 기분을 좌우한다.

롯데몰 뒤편 물웅덩이에 발이 빠져서 양말 대신 손수건으로 발 싸고 신발 신은 건 옥의 티. 어제까지 그렇게 힘들게 하더니 오늘은 또 세상 효자.

나도 그렇게 컸겠지?

엄마가 감정 Up & down 심한 건 나 때문이구나.

부모한테 잘하자.

Ep. 30 아빠가 하루를 마무리하는 방법

요즘 같은 날은 아이가 감기 같은 것만 안 걸리면 크게 어렵지 않은 하루하루지만, 그래도 하루를 마무리하는 시점에 내가 마음의 위안을 삼는 곳이 있다.

그곳은 다름 아닌 부엌 싱크대.

아이 하원시키고 장을 보거나 밖에서 놀거나, 집에 데리고 와서 책 읽어 주거나 놀아 주고, 씻기고 저녁 준비하면 와이프가 집에 온다.

저녁이라고 거창하게 뭘 준비하고 그러진 않지만 하원부터 와이프가 오는 4시간여 동안 아이와 가사에 집중하는 시간을 보내게 된다.

와이프가 와서 같이 밥 먹고 난 후 아이와 낮 동안 못 보낸 시간을 보내고 있을 때, 나는 나만의 안식처로 가서 나만의 의식을 치르며 오늘의 고단함을 달랜다.

싱크대에서 설거지를 하는 동안만큼은 내 스스로에게 집중할 수 있는 시간이다. 미래를 계획하고, 과거를 반성하고, 현재에 충실할 수 있게 해 준다. 나에게 **싱크대**는 음식물을 뒤집어 쓴 식기를 재생시키는 곳이 아니라

Think 大

라임 쩔어, 어쩔?

기분 좋은 많은 생각을 마음껏 할 수 있는 곳이다. 고민도 해결하는 시간이 되고, 생각했던 것들은 발전시키는 시간이기도 하다. 이때만큼은 아이도 와이프도 생각 안 하고 나만 생각할 수 있다.

요즘 많이 하는 생각은 '입주할 때 대출을 얼마를 낼까', '필요한 돈 이상을 내면 그 돈을 어떻게 굴릴 수 있을까' 등이다(이번 주 자격증 시험 고민은 없음).

설거지에 집중할수록, 물이 싱크대의 금속과 그릇을 때리는 소리가 극대화되어 생각에 더 집중할 수 있게 해 준다.

마치··· 엠씨스퀘어처럼.

뚜두두두두두두두두두두두 (아는 사람만 이해하기)
눈 뜨면 홍채에 구멍 날 것만 같은 안경이 포인트

수세미질을 할수록 식기의 미끈함을 기분 좋은 저항으로 바꿔 준다. 내 손의 물리적 노동력이 식기의 정화 작용으로 바뀌며, 완전히 다른 에너지로의 변환이 이루어진다. 왠지 모르게 생산적 활동을 한 것 같아 기분이 좋다.

개소리 주의

감성 폭발의 날

일주일이나 열 감기로 고생한 아이가 오늘 오랜만에 등원했다. 너무 오

랜만이라 저번처럼 중간에 또 불려 가서 조퇴하게 되진 않을까 걱정했는데, 또 다시 잘 적응해 준 기특한 녀석에 대한 아들바보 아빠의 정신적 기쁨 표현쯤으로 해 두자.

아무튼 오늘 주제가 설거지니까 오늘 싱크대에서 치른 의식(=설거지) 내용이나 나열하고 마무리하자.

설거지 Item

전기밥솥 내부 솥 1

주걱 1

밥솥 뒤 밥 수증기 물 모으는 통 1

치킨너겟 튀김용 소형 프라이팬 1

너겟 빠뜨림용 젓가락 1

냉동 새우 삶은 소형 냄비 1

뚜껑 1

처가집에서 가져온 미역국 그릇 1

그릇 뚜껑 1

미역국 데운 큰 냄비 1

큰 냄비 뚜껑 1

미역국 뜨는 국자 1

미역과 고기를 자른 가위 1

밥그릇 2

국그릇 2

우동(큰) 그릇 1

아이 밥 식혀 먹일 앞접시 1

숟가락 3

젓가락 2

아이 그릇 고정시키는 흡착판 1

아이 요거트 숟가락 1

남은 거 먹는다고 숟가락 추가 2(엄마, 아빠)

아이 간식용 수박 썰어 담은 통 1

포크 1

아이 빨대컵 2

아이 우유 홀더 1

아이 약통 1

참외 담은 큰 접시 1

의도치 않게 생각을 빡세게 한 오늘

Ep. 31 자기계발

폭풍 같은 한 주가 지나고 다시 한 주가 시작됐다. 지금 나는 아이를 등원시키고 아주 오랜만에 커피빈에 와서 브런치를 먹으며 여유를 만끽하고 있다(a.k.a.[1] 된장질).

지난주 토요일, 휴직을 마음먹던 1월 언저리부터 시작한 자격증 1차 시험이 끝났다. 3월 휴직 전까지 출퇴근길에만 책 좀 보고, 아이 적응기 1달은 책 못 보고 4월이 돼서야 본격적으로 공부했다. 거기에 시험 2주 전 아이의 열 감기로 한 주를 통으로 날리고…

떨어진 거에 대한 이유 나열하기?

뭔 핑계가 그리 기나.

그럼에도 불구하고, 다행스럽게도, 불행히도(?) 과한 점수로 붙었다. 내가 준비한 시험은 **행정사**다.

노무사, 법무사 등 다른 전문 자격증 대비 난이도가 어렵지 않고, 현실적

---

1 also known as의 줄임말로, '~로도 알려져 있는'이라는 뜻이다.

으로 합격 가능한 타깃을 선택했다. 현재 회사에서 대관 업무를 하고 있기도 하고, 휴직 중에 뭐라도 해 놔야 될 것 같은 압박에 겸사겸사 시작한 공부였다.

1차 시험은 3과목에 과락 40점 이상, 평균 60점만 받으면 되는 절대평가고, 각 25문제 총 75문제를 75분 만에 풀어야 하는 시험이다. 1차 시험 합격률은 대개 20~30% 정도다.

2시에 가답안이 나왔고 가채점을 해 보니 88점, 52점, 88점이다. 취업 전 사법 시험 준비한 게 도움이 됐다.

오호, 노력 대비 잘 나왔군.

80점, 50점, 50점이 원래 목표

우리 집은 공부랑 원수진 듯, 학창 시절에나 좀 잘하지 (자식들 한정) 다들 늦게 불이 크게 붙었다.

아부지는 퇴직이 2년 남은 작년에 공인중개사 시험에 최종 합격하셨고 (그렇다고 부동산 운영에 필요한 사교성과 성격을 지닌 것도 아님), 지금은 또 전기 관련 기사? 뭐 이런 걸 준비하신다.

엄마도 지금은 바빠서 못하지만 중년 아주머니들 다니는 학교 같은 데 다니시면서 영어, 컴퓨터를 배우셨었고, 큰누나는 중학교에서 아이들을 가르치는데 나이 40에 세 번째 대학원을 등록하겠다고 선포했다. 대입 재수 1회, 대학원 3번째 입학.

작은누나는 우리 집에서 가장 공부를 싫어하지만, 영어 교육계에 종사 중(자식들 중 제일 잘 나감)이다. 셋째 누나도 늘 이직을 준비하며 공부하더니 대학교에 교직원으로 또 교육계와 인연을 이어 가고 있다.

나도 마찬가지. 입사 3년 차 때, 노무사 1차 붙고 2차는 결혼 등으로(평계) 시험도 못 봤지만 지금 또 공부를 하고 있다.

내가 고등학교 때 이렇게 공부했으면,

서울대 입학 각
현실은 서울에 있는 대

만약 1차에 떨어지면 그냥 여유롭게 기타나 배우고, 블로그 포스팅 열심히 하고, 책 좀 보고, 부동산 임장이나 다니려고 했더니 배부른 고민 하게 생겼다.

그래. 일단 붙었으니 2차도 무조건 붙어야겠는데, 내가 원했던 타 팀으로 복직을 하게 되면 대략 7월쯤이다. 시험은 9월인데, 이거 시기가 좋지 않다.

내 원소속인 군함도팀의 팀장님이 나의 이동을 막으면 내 복직은 내년이 되게 된다. 그러면 난 내년에 군함도팀으로 가야 된다.

내가 원하는 팀으로 가도, 내년에 원소속 팀으로 복직을 해도 다 장단이 있다. 내가 선택할 수 없는 옵션 두 개에 장점이 각각 있다는 건, 내가 해야 할 일에만 집중하면 된다는 뜻이 된다.

복직이야 어떻게 되든 2차가 목전이라 준비를 해야 한다.

이곳저곳 카페 가입해 보고 무료 강의 이런 거 보니 그냥 확실하게 학원 강의가 좋을 것 같다. 1차는 객관식이라 독학이었지만 2차는 논술, 약술이라 강의가 필수다.

4과목 기본 이론 강의만 해도 20~30만 원, 책까지 하면 뭐… 공부는 자원 투입이 필수다.

돈, 시간, 노력

돈 빼곤 다 넉넉하게 갖고 있다.

그동안 모아 둔 용돈이 빛을 발할 때다. 와이프는 생활비로 하라고 하나, 내 마음이 편치가 않다. 합격하면 돌려받는 것으로 하고 용돈으로 처리한다. 그리고 돈보다 더 필요한 건 공부를 위한 **절대시간**.

와이프에게 짐을 지우게 됐다. 시험이 임박했을 무렵은 주말에 가정을 돌보기가 어렵다. 그래도 최대한 평일에 많이 공부하고 주말은 가정에 충실해야 한다.

어깨가 무겁다. 이번에 끝내야 한다.

이게 최종 합격되면, 회사에서 하던 일 관련해서 사무실을 차려 독립적인 사업을 수행하는 것이 가능하다. 회사에서 사내 강사도 했으니 법학원에서 강의를 해도 된다. 내가 할 수 있는 일이 회사에 한정되지 않는다는 뜻이다.

이 얘기를 길게 쓰려던 게 아닌데… 휴직 후 아이를 어린이집에 보내고 남는 시간을 가족과 미래를 위해 알차게 보냈다고 일기에 남기고 싶었다.

알차게만 보내지 말고 결과가 나와야 되는데….

Ep. 32 부담의 날

행정사 2차 시험 공부하기 전 미지막 노는 날이다. 아직 책이 배송되지 않아서다. 내일부터는 또 공부 시작!

입주를 앞두고 바쁜 시점인데, 공부도 하려니 여러모로 부담인 상황에서 최근 겪는 아주 부담스러운 상황에 대해 적어 보려 한다.

1. 추가 분담금

그제 한 통의 우편물을 받았다. 다음 달에 입주하는 집을 입주권으로 샀더니 조합원이랍시고 추가 분담금을 내란다. 무려 270만 원. 샀을 당시 수익성 좋다고 분담금은커녕 돌려받을 수도 있다고 펌프질한 부동산 사장님이 생각난다.

조합에서도 추가 분담금은 없게 하겠다며 현 조합장이 당선됐고, 총회 때마다 얼마를 아꼈다며 자화자찬하더니 결국 추가 분담금을 때린다.

게다가 전 주인이 계약금 유이자 대출받은 이자를 승계인인 나더러 갚으란다(30만 원). 계약 후 조합에 갔을 때, 진작 유이자였다고 말을 해 줬어야지(중도금은 무이자). 이제 와서 빡치게 하네.

세상 믿을 놈 하나 없다.

추가 분노금 + 남의 이자 = 300만 원

300만 원이면 와이프가 입주할 때 비싸다고 살지 말지 고민한 의류 건조기가 두 대… 아깝다. 다음부터는 입주권 건드릴 땐 각오하자.

2. 실장님과의 저녁

오늘은 휴직한 지 3개월 만에 우리 실 상무님과 저녁 약속이 있다. 실 안에 나 포함 동기 3명이 있는데, 주기적으로 같이 식사하던 사이다. 지난번 이직 찬스 때 그 기회를 선택했다면 이들과의 오늘 만남이 성사됐을까 싶은 날이다.

상무님과 가끔 통화나 카톡으로 안부를 주고받는데, 그때마다 왜 저녁 약속 잡는데 튕기냐며 이번엔 꼭 만남을 성사시키자며 압박을 주신다.

아이 하원시키고 와이프한테 애를 인계해야 나갈 수 있는데, 와이프 칼퇴해도 인계하고 나가려면 잠실에서 종로까지 최소 8시 각.

노는 사람이 더 늦는다고 뭐라 할 거면서….
육아 관련 상황을 이해하려 하지 않는 그를 내가 이해해야 함

그래서 와이프가 반차를 썼다.

가까이에 있는 본가에 보내 와이프 퇴근까지 맡겨볼까 했었다. 그런데 우리 아들, 할아버지집에 가도 내가 안 보이면 "아빠, 아빠" 하고 찾는데, 굳이 아이 불안하게 하면서까지 그 약속에 가고 싶지는 않아 와이프에게 부탁했다. 와이프도 바쁜 일이 없어서 OK.

본의 아니게 나랑 오후에 데이트하고, 같이 아이를 하원시킨 후 집에 데려다주고 다시 종로로 올 예정이다.

잠실 ⟶ 종로 ⟶ 잠실 ⟶ 종로 ⟶ 잠실

저녁 약속 하나를 위해 노가다할 판

실장님의 나에게 하실 질문을 예상해 본다. 멍때리고 있다가 훅 들어오면 수습하기 어렵다.

"애는 어린이집 갈 거 아냐. 보내고 나면 뭐해?"

자격증 준비 중임을 말할 수 없다.

"복직은 언제 해?"

아이 적응 3개월이면 됐지.

"노는 거(?) 지겹지 않아?"

그에게 있어 '육아 = 노는 것'

경영의 신이라 불리는 마쓰시타 회장의 저서 『사원의 마음가짐』이라는 책을 보며, 어떻게 하면 회사생활을 잘 할 수 있는지, 직장인으로서 어떻게 성공할 수 있는지 고민하고 있음을 보여 주자(사전 내용 검색 필수).

회사에 뭔가를 바라는 인간이 아닌,
회사가 바라는 인재가 되기 위한 수양에
1분 1초가 부족할 지경입니다.

OK. 모범 답안

좋아. 이제 그래서 언제 복직하느냐에 대한 답이 필요하다. 안 그래도 이 군함도팀에서 나갈 사람이 즐비해서 내 복직이 자꾸 입방아에 오르내리는 상황이다.

우리 사수한테도, 내 동기한테도, 뭐만 하면

"그래서 JK 대리는 언제 와?"

안 갈 거다.

"그 팀으로는 절대 안 갑니다. 타 팀으로 보내주십쇼"를 어떻게 하면 나이스하게, 에지(Edge) 있게 표현할지 고민이다.

이번에 실장님한테 쇼부를 쳐 놔야 복직하더라도 내가 원하던 팀으로 갈 수가 있다.

"복직은 아직 생각 안 해 봤고,
복직하더라도 타 팀에서 새로운 일을 배워 보고 싶습니다."

정공법

"제가 하던 일은 4년이나 했으니,
실장님 내년에 다른 실 맡으시면 거기로 바로 복직하겠습니다."

기습법(+ 딸랑딸랑)

"아직 생각 안 해 봤습니다."

회피법

정공법은 내 의도는 제대로 전달할 수 있으나 그가 삐질 수 있다. 기습법은 원하는 팀을 가겠다고 다신 못하는 단점이 있고, 회피법은 지금만 모면할 수 있다.

역시 그가 삐지더라도 정공법이 좋겠다. 결전의 시간이 다가온다.

같이 저녁 먹는 동기가 상무님이 비싼 저녁 사 주시니, 와인 하나 사자고 해서 롯데백화점에 왔다. 뭘 살지 정해 줘서 그걸 찾으니 그거랑 같은 건 없고 비슷한 게 무려 정가 18만 원. 특별히 13만 원에 준단다.

뭐든 제값 주고 사는 성격이 못 돼서 1만 원 더 빼 달랬더니 오늘 첫 개시라고 빼 준다고 한다.

말 한마디면 만 원을 더 깎는다.

'말 한마디로 천냥 빚을 갚는다' 속담을 실감

12만 원에 쇼부. 무슨 구멍가게도 아니고… 백화점에서 파는 물건 가격인데 정가의 1/3이 왔다갔다하는지…. 정가대로 사면 호구 되는 세상이다. 정신 차리자.

Ep. 33 효자와 애처가 사이

다음 주 입주라서 이번 주부터 동대문에 상주하고 있다. 줄눈 시공, 탄성 코트, 입주 청소 등 입주 준비 감독 업무와 조합에서 일처리를 이상하게 해서 일일이 찾아다녀야 한다. 요즘 공부도 별로 못 하고 계속 바쁘다.

일기 오랜만에 쓰는 거 변명 중

그 와중에 시공하시는 분이 계속 말 걺 (Too Much Talker)

결혼하고 4년 반 동안 본가에서 걸어서 5분 거리에 살았다. 본가는 송파구다. 본의 아니게 누나가 엄마네 옆 단지 아파트를 샀고, 나 집 살 때까지 남의 집에 전세살이하지 말라고 배려해 준 뭐 그런 결과였다.

결과적으로 4년 반 동안 여기저기 이사 다니거나 전세금 인상 압박을 받지 않고 마음 편히 살았다.

고맙수, 누이.

진심 × 100

그렇게 적어도 2주에 한번은 주말에 만나서 밥을 먹거나, 엄마가 못 가는 엄마 친구 자녀 결혼식에 대신 가 달라는 부탁 등을 받는 **본가 옆 동네** 생활을 이제 끝내고 동대문으로 간다.

아빠, 엄마가 약간 서운해하시는데, 특히 손주를 더 못 보게 된 아빠가 내게 전화하실 때마다 말씀하신다.

"일주일에 한 번은 본가에 와."

심히 무리한 요구

와이프는 늘 내게 효자라고 하지만 난 그리 생각해 본 적 없다. 크게 속 썩인 적 없고 인도주의적, 인류적으로 부모를 챙겼을 뿐이다(그런데 엄마, 아빠 결혼기념일 챙기는 건 나밖에 없음. 딸들, 보고 있나).

4남매 중에 막내다 보니, 시행착오나 속 썩이는 건 위에 누나들이 하고 나는 그냥 그들이 해 온 걸 타산지석으로 삼았을 뿐이다. 그랬더니 그냥 부모 속 안 썩이는 훌륭한 아들이 되어 있었다.

그러다 보니 엄마는 내게 기대가 몹시 컸다. 무남독녀로 쌀 장사하는 집 안에서 부유하게 자라 형성된 자기애(愛)를 바탕으로, 그분과 가장 많이 닮은 나의 준수한 성장을 보며 '역시 날 닮아서 그렇다'며 뿌듯해하셨다.

그래서 결혼 전에 난 심히 걱정을 했다. 아들에 큰 기대를 가진 시어머니와 시누이 셋인 집에 며느리라는 이름으로 들어오는 여자가 불쌍했다.

날 사랑하지 마라.

다친다. 크게….

그렇다고 내가 결혼을 안 할 순 없고, 내 처자식은 내가 지켜야 된다는 생각이 굳게 터 잡고 있었다. 어릴 때부터 5살, 4살 터울의 큰누나와 작은 누나에게 맞으면서 자라 전투력이 상당히 길러진 나는 힘의 균형이 역전 된 순간부터 누나들에게 주입식 정신 교육을 시켰다.

"나랑 결혼하는 여자는 절대 건들지 마라."

깨도 내가 깬다.

그리고 딸 많은 집의 하나뿐인 아들 특유의 버르장머리 없고 더러운 성 격을 바탕으로, 누나들에게 나랑 결혼하는 여자는 불쌍하다고 생각하게 끔 만들려고 노력했다.

그래서 결혼 초엔 늘 누나들이 내 와이프에게 물어봤다.

"JK가 잘해 줘?"

그래도 때리진 않지?

어릴 때부터 해 온 노력 때문인지 누나들은 내 와이프를 잘 배려한다. 내 생각일진 모르나, 내 와이프한테 따로 연락 안 하는 거 보면 잘 배려하 는 거다.

배경 설명이 길었다.

아무튼 아빠의 통보에 즉각 대답했다.

내가 한다! You가 한 육아

"이민을 알아보고 있습니다."

이제야 해방인데 나 자꾸 부르지 마라.

요즘 몸도 시원찮은 우리 엄마는 외손주들 챙기느라 주말은 쉬어야 하는데, 우리가 가 봐야 쉬지도 못한다는 이유도 댔다.

손주가 보고 싶으면 아빠가 우리 아이 하원을 직접 시키고, 우리 퇴근할 때까지 아이와 같이 노시라는 말도 덧붙였다(하루 해 보시면 다신 손주 안 보고 싶으실 듯).

엄마나 아빠가 뭐 이상한 시부모는 아닌데, 가끔 꼰대 같은 건 어쩔 수 없다. 그래도 누나들 덕분에 엄마가 직접 와이프에 연락하는 법도 없고, 집에 오시지도 않는다. 엄마가 우리 집에 들어와 보신 적도 5년 중 딱 한 번이다.

엄마가 며느리에게 뭔가 불만이 있다고 하면 그냥 삭이라고 말씀드린다. '난 지금 충분히 행복하고, 이 여자도 내게 충분히 잘하고 있다. 자잘한 거로 평화를 깨지 말아 달라'는 논리다.

그러면 엄마도 아들이 잘 살고 있다는데 딱히 할 말이 없다. 아들이 불행해 보이면 뭔가 제재 조치가 들어갈 수 있는데, 그게 아니니 엄마도 할 말이 없는 것이다(괜히 태클 들어갔다가 내 아들이 힘들 수 있다는 걸 시어머니들은 알고 있다).

얼마 전에, 코앞에 살고 일주일에 한 번은 보는 사이인데도 이제 막 복직한 며느리한테 전화 잘 안 온다고 서운해하시길래

"나도 처가집에 전화 거의 안 한다."
"일주일에 한 번은 보면서 전화가 웬 말."
"전화하면 반갑게나 받아라."

말했더니 불효막심한 놈이라 하신다.

자꾸 이렇게 무한한 실망감을 드려야 엄마도 나에 대한 기대가 줄고, 아빠랑 더 사이가 돈독해질 거다. 그게 원래 맞는 거지.

이게 진정한 효도

Big Picture

그러고선 집에서 와이프에게 전화 한 통 해 달라 하니 뭐 흔쾌히 OK.

남자들이 부모님, 특히 엄마와 와이프 사이에서 힘든 경우가 많다. 그런데 둘 다 잘할 순 없다. 내가 누구한테 잘하는 게 평화로울지 생각하고, 한쪽을 빨리 크게 실망시켜서 갈등을 사전에 제거하는 게 좋다.

실망감을 크게 줄수록 와이프는 작은 거만 해도 효부가 될 수 있다. 하지만 그 실망감이 와이프로 인해 발현됐단 인상을 주면 그건 게임 끝이다. 돌아올 수 없는 요단강 건너는 것이다.

결혼 전부터 꾸준히 그런 싹수를 보여 주는 게 중요하다.

내 불효는 이 여자와 무관하다.

어쨌든 내가 잘사는 게 효도라는 생각과 확신으로 내가 잘사는 데 집중하고, 엄마는 아빠에게… 아빠는 엄마에게 기대게 하는 게 제일 좋다. 물론 평소에 기본적인 자식된 도리는 필수다(안 그러면 진짜 불효다).

부모님이 사이가 안 좋으시면?

그게 나 때문인가.

그러게 배우자 좀 잘 고르시지.

부모님 사이 안 좋으시다고 자식에게 기대시면 그건 자식에게 불행을 전염시키는 것과 같다. 그러지 말자. 이사 가는 일로 이런 얘기까지 나오다니. 내 육아 일기는 주제를 가리지 않는다.

2일째 새 집에 가서 먼지 마시고 미세먼지 많은 데 돌아다녔더니 목이 다 칼칼하다. 오늘은 아이 어린이집 간담회 날. 지금 가는 중이다.

와이프는 효자라고 하고, 엄마는 불효자라고 하고….

나는 외롭지만 가정의 평화는 지켰다.

간만에 쓴 혼자 행복한 어느 불효자의 일기 끝.

Ep. 34 드디어 입주

　이번 주 월요일, 6월 10일에 입주를 하는 것 때문에 앞뒤로 너무너무 바빴다. 정말 휴직 안 했으면 이걸 다 어떻게 했으려나 싶을 정도. 이 정도면 육아 휴직이 아니라 입주 휴직이다.

　입주 전에 준비할 건 왜 이렇게 많은지, 잔금 치르고 키 받는 날도 입주 센터랑 커뮤니케이션 안 돼서 애먹고, 추가 분담금에 행정청 고시가 바뀌어서 건물 취득세도 내라고 한다.

　그리고 집 바닥에 줄눈 시공한 거랑 입주 청소한 것을 와이프가 마음에 안 들어 해서 며칠간 좌불안석이었다. 그래도 어찌어찌 지금은 입주해서 3일째 거주하고 있다. 요 며칠 시간이 어떻게 갔는지 모르겠다(엄청 늙음).

　이사 와서 변한 게 있다면, 차를 안 가지고 다니는 것.

　아이와 와이프랑 나랑 셋이 전철을 타고 와이프 회사로 간다. 전철로 18분. 아직 다닐 만하다. 아이를 데려다주고 집에 와서 뭐 좀 할 만하면 수시로 하자 보수하러 사람들이 오간다.

앞으로 처음 입주하는 새 집은 절대 안 살 테다.

인생의 교훈

입주 전부터 아이가 있어서 새집증후군이 크게 걱정됐었다. 그래서 입주 청소에 새집증후군 케어까지 옵션으로 했는데, 생각보다 기분 나쁜 냄새는 안 나서 다행이다. 추가 비용 주고 하긴 했는데, 이게 진짜 효과는 있는 건지 싸게 후려쳐서 계약하다 보니 퀄리티가 좋은 건 맞는지 심히 의심스럽다.

입주 전 3일간 탄성 코트, 줄눈 시공, 입주 청소를 했는데, 모두 봄봄이 어린이집 보내고 내가 감독을 했었다. 감독하는 3일 동안 먼지 나는 그 집에 머물면서 열심히 허파 필터(HEPA 아님) 돌리며 빡세게 숨쉰 내 덕은 아닐는지? (악, 내 허파.)

내 허파는 교체가 안 되는데 큰일이군.

다시 태어나는 수밖에.

이사 온 이 동네, 그동안 살던 곳과는 다른 많은 놀라움을 준다.

우선, 내가 이용하는 역은 1970년대에 지은 역이라 매우 낡고 오래됐다. 저게 역인가 싶을 정도. 그것보다 놀라운 건 철길 건널목이 있다는 것. 요란한 소리를 내며 차단 바가 내려오고 올라가고를 반복한다.

띵띵띵띵띵띵띵~♬

우리 아들이 좋아한다.

그리고 이건 소프트웨어적인 놀라움인데, 이 동네 사람들은 이 동네를

자기 집 안방처럼 편안하게 느낀다는 것이다.

어제 아이 등원시키고 집에 돌아오는 길, 집 앞 사거리 횡단보도에서 귀를 의심할 만한 소리를 들었다.

뿌위이이이이이이잉

실수로 힘이 풀려 새어 나온 소리가 아니라,
뇌에서 밀어내기 신호를 보내 한번에 크게 배출한 소리였다.

마치 자신의 구역이라 영역 표시라도 하는 듯, 새로 입주한 외지인들에게 경고라도 하는 것만 같았다.

하도 쎈 소리가 나길래 '이거 뭐라도 나온 거 아닌가' 아저씨 바지가 걱정되려던 찰나, 익숙한 듯 아무 동요가 없는 주변의 반응이 더 놀라웠다.

뭐. 난닝구(?) 입고 밖에 돌아다니시는 분은 예사.

그리고 오늘 아이를 데리고 전철 타고 집에 오는데, 지하철에서 음악을 스피커로 틀어 놓으시고 탑승하신 할아버지를 뵈었다(컬쳐 쇼크).

내가 잠실에 살 때 한강에 자전거를 타러 나가면 내 옆을 휙 스쳐 지나가는 빠른 자전거에 그런 스피커 음악을 크게 틀어 놓고 가는 분은 본 적이 있는데, 자신의 그런 열정을 전동차에서 발현하시는 분이 계시는 것도 놀라웠다.

적응해야겠지.

내 눈과 귀가 앞으로 자주 겪을 것 같은 느낌적인 느낌

내가 한다! You가 한 육아

역에 가는 길엔 철물점에서 키우는 닭장과 닭도 있다. (바로 옆집이 치킨집인 건 비밀.)

입주하는 과정에서 많은 힘듦이 있었는데, 그래도 들어오니 뿌듯하고 기쁘다. 처음 이 집을 살 때, 막 해산한 와이프와 갓 태어난 자식을 두고 집 보러 다니던 것과 추운 12월 말 봄봄이와 와이프랑 계약하러 부동산에 갔던 게 주마등처럼 스친다. 참 잘했다. 안 그랬으면 지금 애도 어린데 전세를 전전했을 것이다.

예전에 살던 집은 복도식 구축 19평이었는데, 신축 25평으로 이사를 오니 집이 두 배는 커진 것 같다. 아이도 그동안 엄청 좁은 곳에서 힘들었을 텐데, 지금이라도 넓은 데서 살 수 있음에 감사하다.

놓을 데가 없어서 장난감도 제대로 못 사 주고, 아이 방이 따로 없어서 아이 자는데 자주 깨게 만들고… 미안함이 크다. 앞으로 돈 많이 벌어서 더 큰 집으로 가야겠다. 여기저기 뛰어다니는 모습이 이쁘다. 집 넓혀 가는 맛이 이런 건가 보다.

이사를 하긴 했는데, 우리가 이사 나온 집이 이제 재건축을 해서 없어지는 집이다.

그래서 우리 부부는 이사 나오면서 많은 아쉬움을 느꼈다. 우리가 시작한 신혼집이 없어지는 것, 우리 아이가 태어난 집이 영원히 사라지는 것에서 오는 허전함이랄까.

허전함을 달래고자 우리 신혼집을 추억하며 마무리한다.

일주일에 단 한 번만 버릴 수 있는 재활용 쓰레기는 자원을 아껴야 한다는 깨달음을 주었고, 지상에만 있는 주차장은 새 차가 헌 차로 급속히 전환되는 데 무뎌지게 했다.

이유를 모르겠는 반계단 시스템

　층과 층 사이에 위치한 엘리베이터는 아이가 탑승한 유모차와 무거운
짐을 들게 해 팔과 허리 근력을 강화시켜 주었고, 경비실에 맡겨야 하는
택배는 주변을 의식하게 만들어 절제를 가르쳐 주었으며, 다닥다닥 붙어
있는 복도식 구조는 이웃의 대략적인 사정 파악이 가능하게 했다.

　　　　　　　　　　　　　　　　　　　　　　　내가 한다! You가 한 육아

세탁실이 없어 베란다에 놓인 세탁기는 한겨울 1층 세대에 동파를 유발해 이웃을 배려하는 마음을 기를 수 있었고, 수화기를 들기만 해도 바로 경비실과 연결되는 단기능 인터폰은 신속, 정확한 기계의 본분에 대해 깨달을 수 있게 해 주었다.

그리울 거야, 잠실 미성 아파트.

Ep. 35 시시콜콜한 육아의 나날

1. 하자 보수

입주한 첫 주말이다. 여느 평일처럼 새 아파트의 하자 보수 약속으로 오늘을 시작한다.

눈에 띄게 거슬리는 하자도 있고 넘어갈 수 있는 하자도 있는데, 공부에 조금은 방해가 되지만 집에 있을 수 있어서 사소한 하자까지 다 접수하고 있다.

하자 접수를 새로 하지 않더라도 수리할 스케줄을 매번 잡아야 하기 때문에, 거의 매일 한두 번씩은 하자 접수 센터와 통화를 한다.

센터 누님들과 베프 될 판

하루에 와이프보다 더 전화 많이 함

새 아파트를 사고 싶거든 절대 첫 입주에 전세를 주지 말아야 하며, 입주 후 몇 달은 절대적으로 한가한 가족 구성원이 있어야 한다. 안 그러면 내 집은 덜 완벽해진다.

크고 작은 하자가 많지만 어느 건설사나 마찬가지일거라 믿고 있고, 고쳐 달랬을 때 잘만 고쳐 주면 난 불만 없다.

하자 보수 잘 하자.

아자 아자

2. 쓰레빠와 국지성 소나기

오늘은 낮에 해가 쨍쨍하게 떠서 중랑천 나들이를 10분 만에 끝마치게 하더니 저녁엔 비가 쏟아졌다.

이전에 살던 아파트와 다르게 매일매일 분리수거를 할 수 있다. 4시부터 흐려지더니 5시 반부터 비가 오기 시작했다. 분리수거를 하고 집 앞 마트에 가려 했는데, 하필 그때 비가 쏟아진다.

내일 해도 됐지만 그렇다고 미루고 싶지 않았다. 음식물 쓰레기와 이사 후 잔뜩 주문한 쿠팡 박스를 한손에 담고 다른 한손은 우산을 든다.

와이프와 결혼 직후 집안일에 대한 역할 분담을 했었다. 수많은 잡무 중에 재활용 쓰레기 분리수거는 내 몫이 됐다. 그렇게 내 역할을 충실하게 이행하던 중 아이가 생기면서 별명이 생겼다.

쓰레빠

쓰레기 버리는 아빠

아이가 있을 때 내가 분리수거하러 나가면 아이는 "아빠, 아빠" 하고 찾고, 아이 엄마는 "쓰레기 버리러 가는 거야 아빠" 하다가 생긴 별명이다.

와이프가 몇 주 전에 크록스 신발을 하나 사 줬다. 기존에 신던 슬리퍼가 낡았기 때문이다. 별로일 줄 알았는데, 신어 보니 좋다.

비가 와서, 비가 많이 와서 이걸 신고 분리수거 하러 나왔다.

쓰레빠 신은 쓰레빠

내가 좋아하는 노래는 룰라의 「쓰리! 뿅(3! 4!)」

비가 많이 왔는데 분리수거 다하고 마트 다녀오니 그쳤다. 이름하여 국지성 소나기. 문득 평범한 '지성'이란 이름에 '국' 씨 성을 가진 사람은 이 소나기처럼 성격이 지랄 맞진 않을까 쓸데없는 궁금증이 생긴다.

미안합니다. 어딘가에 있을 국지성 씨.

가끔 밤에 이상해져요.

요즘 한가해서 이런다. 회사가 나를 잡아 돌릴 땐 이렇지 않았는데….

3. 아이가 다쳤다

일본 뇌염 주사 맞고 중랑천 가서 킥보드 좀 타다가 놀이터에서 놀고 집

내가 한다! You가 한 육아

에 왔는데, 새 대문이라 그런지 문이 열리며 봄봄이 발가락 두 개에 피를 냈다.

봄봄이는 오늘 주사 맞고 울고, 집에서 다쳐서 울고.

제대로 못 살핀 내가 너무 싫고, 마치 내 발이 다친 것 같이 봄봄이 발과 내 발 사이에 동기화가 이루어진다. 덩달아 내 가슴에까지 여파가 온다. 눈에는 보이지 않는데, 내 발과 내 마음에도 피가 난다.

가상 통증

마음이 많이 시리다.

Ep. 36 무거운 발걸음

시간이 어마무시하게 빨리 지나간다. 벌써 이사한 지 10일 차. 그날의 전쟁은 이렇게 또 가물가물한 재밌었던 추억으로 저장돼 흘러간다.

오늘은 아이 엄마가 약속이 있어 늦게 온다. 와이프도 거의 약속 안 잡아서 두 달에 한두 번 정도 약속이 있는데 오늘이 그날이다.

와이프가 미리 끓여 놓은 미역국 한 그릇과 새우 삶은 것으로 아이 밥을 간단히 먹이고, 아이가 먹고 남긴 것들로 나도 간단히 한 끼 마무리했다.

새 집에 이사 오니 온갖 옵션들이 있는데, 나랑 비슷한 역할을 하는 게 있다.

음식물 처리기

음식물 쓰레기를 쓰레기로 배출하게끔 열처리 및 분쇄해 주는 음식물 처리기가 싱크대 안에 자리 잡고 있었다.

나랑 비슷한 역할을 하지만 다른 점이 있다면, 이놈은 음식물 처리를 5분 만에 해 주지만 나는 똥으로 만들려면 한참 걸리고 많이 처리한다고 부피가 커지지도 않는다.

차별화된 장점이 있음에도 같은 역할을 하는 내가 건재하므로 이놈이 꼭 필요한 곳으로 보내고자 한다.

싱크대 안에서 답답했지? 이제 널 위한 곳으로 떠나렴.

널 위한 나라, 중고나라 (하루 만에 팔림.)

경쟁자를 제거했다. 나의 승!

이사온 지 불과 7일 차 때, 지난 주말의 일이다.

우리는 입주 기간 중 꽤 빨리 들어온 케이스였고, 아이가 있다 보니 아랫집 사람이 최대한 늦게 들어오길 바랐다. 그럼에도 불구하고 불과 우리 입주 4일 만에 아랫집이 입주했다.

900세대 중 156세대 입주했는데(입주율 17.3%), 딱 우리 아랫집과 우리 집이 걸렸으니 참 드문 확률에 당첨됐다.

로또 사야 할 판

안 좋은 건 잘도 걸림

그리고 불과 2일 만에 인터폰이 울렸다.

"관리실인데요, 층간 소음 민원이 들어와서요!"

아이에게 나는 법을 가르쳐라.

아… 일요일 오전 10시인데, 밤도 아니고, 꼭두새벽도 아니고, 주말 오전 10시에 위에서 나는 소리를 용납 못 하겠다는 강력한 1차 경고가 날아들었다.

연식 대비 무게가 상당하고, 활동량 및 보행 스피드가 남다른 우리 아들 덕분에 아파트 생활이 걱정됐는데 올 게 온 것이다. 남한테 싫은 소리 듣는 걸 죽기보다 싫어하는 우리는 충격을 받았다.

이 정도 소음(크게 뛰진 않았다)이 아랫집에 어느 정도 체감이 되는지 몰랐고(전 아파트에선 민원 없었음), 최근 지은 집이기에 층간 소음에 대한 방음 기대치가 있었기 때문이다. 그런데 이번 경고로 벽식 구조는 신식 아파트라도 어쩔 수 없다는 걸 깨달았다.

어쨌든, 우리 아들을 얼굴도 모르는 사람한테 욕먹게 할 순 없었다. 그리고 남한테 피해 주고 싶지도 않았다.

전화를 받고 멘붕이 온 우리는 입주 박람회 때 있었던 층간 소음 매트가 떠올랐다. 거실과 방까지 가는 통로만 시공비 200만 원. 가격도 가격이지만 당장 깔 수가 없어 대안으로 생각한 게 마트에서 파는 놀이방 매트다.

봄봄이의 무거운 발걸음만큼, 한가득 마음 무겁게 이마트 트레이더스에 갔는데 마땅한 게 없다. 옆 이마트에도 없다.

아쉬움을 뒤로하고 인터넷을 뒤져 쿠팡 로켓배송으로 주문을 완료했다. 50㎝×50㎝에 3㎝ 두께로 24개짜리 3세트. 2㎝ 이하는 층간 소음을 흡수할 수 없다는 얘기가 있어 3㎝로 선택했다.

다음 날 1시에 도착. 역시 쿠팡.

색칠 공부하듯 장애물을 피해 시공했고, 열심히 구석구석 마무리까지 두 시간 정도 작업을 한 듯하다.

두 세트만 더 있으면 마무리도 잘할 수 있는데… 이렇게 시공하는 데

내가 한다! You가 한 육아

내 인건비 빼고 재료값만 32만 원. 200만 원이 들 수도 있었는데 선방했
다. 물론 내 노무비는 무료다(무료 봉사, 재능 기부, 강제 노역). 밖에서 돈 안
버는데 이런 거라도 잘해야지.

시공 전에 뛰는 아이더러 뛰지 말라고 하는 게 어찌나 미안하던지. 디테
일 작업만 좀 번거롭지 나머지는 어렵지 않다. 내가 뛰어도 끄떡없어 보이
는데, 봄봄이가 마음껏 뛰어 놀았으면 좋겠다(저 위에서만).

한 세트만 더 사 줘라.

크지도 않은 집, 방까지 다 덮게.

아이에게 맘껏 뛰놀 수 있는 마루를 선물했다. 거기서만 뛰고, 다음엔 필로티 아파트로 가자.

Ep. 37 구강기

1. 프로이트의 구강기

얼마나 좋은 가장이 되겠다고, 대학 때부터 가족 관련된 교양 수업을 많이 들었던 것 같다. 아직도 생각나는 게, 제대하고 처음 들었던 수업이 '부모 교육'이었다. 좋은 부모가 되기 위해 아이를 이해할 수 있도록 지식과 지혜를 배우는 그런?

지금도 기억나는 프로이트의 발달 단계 이론. 아이의 발달 시기별 욕구 충족 단계에 대해 항문기, 구강기, 남근기 뭐 이런 것들로 분류한 것이다 (정확하지 않을 수 있음 주의).

구강기는 욕구의 충족이 입에 집중되어, 손도 빨고 뭐든지 입으로 가져가고 하는 그런 아이들의 일반적인 성향에 대해 설명한다.

우리 봄봄이가 요즘 손을 빤다.

쪽쪽 쪽쪽

빨지 말래도 자연스럽게 손이 입으로 들어가고, 새로운 것을 봤을 때 탐

색하는 수단이 바로 입이다. '아, 내가 10년도 더 전에 배운 이론이 이렇게 도움이 되는구나'라며 연간 1천만 원씩 4천만 원을 내버린 것만은 아니라는 위로가 된다.

휴직하고 아이를 보다 보니, 아이에게 뭔가를 먹이는 게 가장 중요하고 고민이 되는 큰일이라는 걸 알게 됐다. 제일 정신 없고 제일 힘든 과제 같은 느낌? 저녁밥만 잘 먹어도 오늘 하루 잘 끝낸 거 같은 안도감이 온다.

휴직하고 4개월간 매일 수차례씩 아이에게 뭔가를 먹이다 보니, 아이가 남긴 음식, 먹다 흘린 음식, 씹었다가 뱉은 음식, 먹다 흘린 걸 밟은 음식 등이 자연스럽게 내 입으로 들어가고 있다는 걸 깨달았다.

아빠의 구강기

프로이트 아저씨가 35년 차에 또 온다고는 안 했는데.

그러려고 그런 게 아니라 처음엔 아이 밥 만들고 남은 거 먹는 걸로 시작했는데, 뭔가 먹일 때 휴지를 일일이 준비하고 다닐 수도 없고 치우려고 잠깐 자리 비우자니 불안하고 귀찮기도 하고 해서 그냥 '에이!' 하고 내 입으로 가져가게 된 것 같다.

제일 좋은 처리 방법

보호 사각지대 방지, 친환경, 문제의 신속 해결 등

뭐… 아이 키우면서 인간 존엄에 대한 현타야 한두 번 오는 건 아니다

내가 한다! You가 한 육아

만… '자식이 먹다 뱉은 거 먹는 게 뭐가 어려울까'로 시작하다가 2차 구강기에 이르렀다. 아이와 함께 같은 발달 시기를 겪는 것도 동질감 형성에 나쁘지 않은 것 같다.

그래… 그렇게 아버지가 되나 보다.

다음엔 뭘 같이 겪으려나····.

요즘 똥 싸면 많이 기분 좋던데… 혹시 2차 항문기?

2. 옹알이

구강기 얘기가 나와서 말인데, 요즘 봄봄이 말이 트이고 있다.

남들은 두 돌 되기 전부터 말하기 시작해서 우리 부부를 가슴 졸이게 했는데, 조금 기다리니 26개월 만에 우리 아이도 알 수 없지만 귀여운 말들을 쏟아내기 시작한다.

"뚜뚜뛔끼뽀뻬~~~애!"

외계인 접촉 중

하도 부모들이 "안 돼", "하지 마", "아니야" 이런 말을 많이 해서 그런지 아이들도 부정적인 말들을 먼저 배운다는 글을 어디선가에서 봤다.

그럼에도 불구하고 우리 봄봄이는 전보다 넓은 집으로 이사 와서 많이 만족스러운지, 그것에 대한 긍정적인 감정 표현을 많이 한다. 자꾸 바깥이 아닌 실내 공간에 있고 싶은 모양이다.

내가 무슨 말만 하면

"안이야, 안이야."

집이 얼마나 좋으면…

봄봄아! 앞으로도 긍정적인 말만 하자(정신 승리 중).

앞으론 긍정적인 말을 많이 해야겠다(반성하자).

PART 3.

복직의 타이밍,
자의와
타의의 경계

Ep. 38 복직과 2차 적응기

요즘 회사와 나의 복직에 대해 얘기를 하고 있다. 원래 작년 말부터 타 팀에서 나에게 이적 요청을 해 왔다.

군함도팀에 4년이나 있었기도 했고, 조직 개편에 맞춰 원래 우리 팀 팀장님도 바뀌시고 해서 새로운 팀장님께 올 초 이동 희망 의사를 전달했다.

그런데 새로운 팀장님도 새로 맡은 팀에 기존에 일하던 실무자를 보내기 쉽지 않았을 터.

"다음에 가라."

다음 (생)에 가라.

그것을 계기로 휴직까지 이르게 된 건 부인할 수 없다. 어쨌든 팀 이동이 무산된 후 그쪽 팀장님과는 복직하고 다시 얘기하자는 이야기로 마무리가 되었다.

팀 이동은 기존 소속 팀에서 놔 줘야 이동할 수 있어서 팀장님들 간 협의가 이적 성패를 가른다. 그래서 7월을 앞둔 시점에서 타 팀 팀장님이 군함도팀 팀장님께 나의 이적을 요청했다.

지난주 일주일간 현 소속 군함도팀 팀장님과도 통화하고, 이동하려는 팀 팀장님과도 통화하며 바쁘게 지냈다.

일기를 쓰는 지금은 아직 복귀 여부가 미정인데, 복직이 결정 나서 7월에 복직하게 되면 아이가 어린이집에 조금 더 머물러야 한다. 그것을 위한 준비가 필요하다.

현재 4~5시에 하원을 하는데, 최소 6시나 7시까지

그래도 지금은 시간을 잘 보내 주고 있는데, 두 시간을 늘리기 미안스러운 마음이 앞선다. 미안하지만 어제부터 저녁까지 먹이고 6시에 하원을 해 봤다.

2차 적응기
어린이집 적응 두 번 하는 건 봄봄이 하나

걱정과는 다르게 큰 무리는 없었다. 퇴근 시간 지하철이 문제지 아이는 괜찮아 보였다. 내가 복직을 해도 아이는 현 상태에서 크게 변화가 없다. 어린이집에 머무는 시간이 길어질 뿐.

그렇다면, 돈 안 벌고 자격증 공부하느라 집에서 살림도 제대로 못하는 나는 휴직할 이유가 없다.

어서 복직해서 아이에게 더 많은 부를 물려주고 죽기 위한 노력을 하는 게 더 옳다.

조규만이 부릅니다.

다 줄 거야.

한번은 아이에게 물었다. "아빠 이제 회사 가도 돼?"

봄봄이의 답이 영향을 주진 않는다. 단지 내 맘 편해 보겠다는 형식적인 질문이었지만 그마저도 쉽지 않다. 고개를 젓는다.

음… 마음이 더 무거워진다. 풀타임 어린이집 적응도 잘하고 있지만 그래도 복직을 하려니 봄봄이가 많이 걸린다. 다들 그렇게 아이를 보내는데 나만 유난스럽다.

와이프 복직 전(어린이집 가기 전) 2년간은 와이프가 아이에 대해 전적인 책임을 졌고, 내가 휴직 후에는 내가 전적으로 아이를 책임졌다. 휴직 기간 동안 책임의 1차적 주체가 명확하고, 그 주체가 아이만 집중해서 책임질 수 있는 환경이라 일하고 있는 당사자는 아이를 덜 걱정하고 현업에 더 집중할 수 있었다.

그런데 나까지 복직을 하게 되면 아이를 전적으로 책임질 수 있는 주체가 없어진다. 오롯이 아이가 스스로를 책임져야만 할 것 같고, 아이에게 큰 짐을 지우는 기분이다.

이제 겨우 3살인데, 겨우 두 돌 지난 아이에게 어린이집 선생님이라는 조력자만 두고 이 세상에 던져 놓는 기분이랄까?

되게 아이 위하는 아빠인 척

4개월간 붙어 있으면 없던 부성애도 생긴다.

아이 보호에 사각지대가 생길 것만 같은 느낌이다.

아이가 갑자기 아프거나 비상사태가 생겼을 때, 신속하게 융통성 있게 아이를 케어하긴 어려운 건 사실이다. 1년에 저런 경우가 몇 번이나 있다고 사서 고민한다.

팀 이동은 내가 이동하고 싶은 팀에서 나에 대한 니즈가 강할 때 하는 게 가장 좋다. 아이도 이제 충분히 적응을 마쳤으니 지금보다 좋은 때가 없다.

우리 쪽에서 보내 주기만 한다면 지금이 최적기다. 그만둘 거 아니면 복직 시기는 잘 판단해서 실행해야 한다.

봄봄이의 어린이집 적응과 케어라는 내 역할은 이제 마무리지어도 될 것만 같다. 이제 남은 건 군함도팀에서 날 봐줘서 날 원하는 다른 팀으로 복직하는 것과 일하면서 자격증 2차 시험을 준비하는 것.

아쉽다. 아이와 더 좋은 시간을 보낼 수 있었는데, 기억하지 못하는 지금보다 조금 더 컸을 때 시간을 보내는 것도 좋다는 생각이 든다. 남은 휴직은 그때 쓰는 게 좋겠다고 위로도 해 본다.

복직이 될지 안 될지는 모르겠지만… 이번 휴직을 통해 나는 아이에 대해 더 큰 이해를 할 수 있었고(이해와 성질 나는 건 별개 문제), 더 큰 애착을 갖게 됐다. 누군가 육아 휴직이 고민이라면 1초도 주저 않고 하라고 등 떠밀고 싶다.

나만 죽을 순 없다.

농담

왠지 사랑하는 사람과 이별하는 것과 같은 허전함과 쓸쓸함이 가득한 날….

내가 한다! You가 한 육아

Ep. 39 다방면 전투 중

2019년 상반기 마지막 주의 금요일이다.

아이를 어린이집에 데려다주고 집에 와서 세탁기 돌리고, 돌린 빨래 건조기 돌리고, 이불 빨래 세탁기 돌리고, 또 건조기 돌리고… 청소기 돌리고, 집안일 좀 끝내고 지금은 자격증 시험 기본 강의를 돌리고 있다.

돌리고 돌리고~♪
계속 돌리는 인생

아이 데려다주고 집에 오면 공부해야지 싶지만 생각보다 시간이 없다. 수시로 하자 보수하러 사람들이 오고(사전 약속 없이 오는 경우도 있음), 오늘 같은 경우는 세탁기 돌리는데 물소리가 나길래 봤더니 뒤에 배수 호스가 찢어져서 물이 떨어지고 있었다.

강력 본드와 테이프로 긴급 보수를 하고 나니 또 땀으로 흠뻑 젖어서 씻었고, 씻고 나니 또 밥 시간이고, 밥 안 먹고 공부하려 했는데 집에 봄봄이 주려고 했던 베이컨이 날짜가 4일이나 지나 오늘 내가 안 먹으면 또 버려야 한다. 직장인 수험생만큼 공부할 시간이 부족하다.

요즘 근황에 대해 적어 보면 여러 사람들과 전투 중이다.

크고 작은 하자 문제를 해결하기 위해 주로 하자 보수 센터 매니저랑 싸우는데, 요즘 이슈는 다른 하자 보수 업체가 찢어 먹은 우리 집 창문 단열 필름의 원상 복구 건이다.

하자 보수 센터 매니저랑 그 위 팀장이랑 우리집 창문 필름 찢어 먹은 업체 직원이랑 그 필름 붙여 놓은 업체 사장이랑 그 업체한테 발주 낸 조합이랑 필름 시공 업체 부장이랑 통화해 가며 고군분투 중이다.

그걸 왜 네가 하고 있어?

내가 안 하면 아무것도 해결이 안 된다.

(서로 책임 전가 중)

그리고 회사로 눈을 돌려 보면, 팀을 이동해서 복직하려고 현 소속 팀장님이랑 실장님이랑 그리고 이동하려는 팀 팀장님이랑 싸우고 있다. 서로 자기한테 피해가 가지 않기 위해 유리한 입장을 취하다 보니, 이동은 못 하고 나만 답답하다.

어제는 키를 쥐고 있는 우리 실장님께 등을 돌리는 초강수를 두며 메일을 썼다.

윗사람에게 내가 원하는 요구사항을 관철시키기 위해 이메일을 쓸 때는 반드시 그의 비위를 거스르지 말아야 하고, 그럴 만한 사정이 있어야 하며, 꼭 들어 주셨으면 좋겠다며 최대한 정중하고 예의바른 모습을 보여 줘야 된다.

내가 한다! You가 한 육아

도입부: 가벼운 근황 언급

　(최근 그에게 있는 좋은 일을 언급해서 기분 좋게 만들고 시작)

본론 1: 당신처럼 훌륭한 임원이 되고 싶음

　(『용비어천가』 시전)

본론 2: 그러기 위해 나의 커리어 발전이 필요함

　(모든 요청 사항의 이유를 『용비어천가』에 연결)

본론 3: 팀 이동 시켜 주세요

　(진짜 본론 투척)

마무리: 늘 존경함 어필, 그리고 환절기 건강 주의

　(한여름이면 더위 주의, 한겨울이면 감기 주의)

답도 오고 뭔가 이야기가 오고갔지만, 이 얘기는 마무리되면 나중에 다시 쓰기로 한다. 뭐 어쨌든 저들은 남이고 싸워서 무조건 이겨야 하는 대상이니 상처받더라도 그러려니 하는데, 내부에서 전투가 생기면 타격이 크다.

와이프는 와이프대로 나랑 다툴 때가 있다. 싸울 일이 잘 없긴 하지만 요즘 이사하고 회사 다니고 서로 예민해서 말이 날카롭게 나가는 빈도가 높아졌다.

뭐 살짝 날카로운 말에 마음이 베이면 즉각 대응 사격을 하는 우리 부부지만, 확전은 경계하여 한두 번의 교전으로 끝난다.

살림이나 기타 등등에 대해 하도 그녀한테 혼나는 경우가 많아서(그녀는 매우 꼼꼼하다), 요즘은 하나부터 열까지 다 물어보면서 일한다.

"세탁물이 별로 없는데, 내일 세탁기 돌려도 돼?"

살림 전담이 됐는데, 오더를 받으며 일한다.

나름 회사에서 일 잘한다고 인정받고 다녔는데, 하도 지적을 받고 나니 자신감이 없어진다. 팀 이동도 마음대로 안 되고, '에라이, 다른 회사로 가자' 싶어도 이것저것 조건 따져 보면 그냥 있는 게 낫다는 생각에 한없이 작아진다.

결정적으로 요즘은 우리 아들 녀석이 엄마만 오면 나더러 막 가라 그러고 "아빠"를 외치며 고개를 격하게 흔든다. 예전에도 엄마만 좋아하긴 했지만, 그래도 나 휴직하고 4개월 동안 나랑만 있던 시간이 얼만데 서운하다.

그래서인지 요즘

외롭다

35살에 갱년기 각

아들 놈은 4개월을 키워 놨더니 지 엄마만 찾고, 마누라는 좀 덜렁거리는 나한테 지적질하고, 회사는 내 미래엔 관심도 없고, 이놈의 아파트는 매일매일 눈에 띄는 뭔가가 생기는데 해결은 더디고.

외롭다 2

강조

내가 한다! You가 한 육아

어제 빨래를 개면서 TV를 봤는데, 일본 드라마가 나왔다.

〈사랑이 서툴러도 잘 살고 있습니다〉

이런 서술형 드라마 제목이 낯설다.

전반적 내용은 모르지만, 남자 두 명이 나오는데 둘 다 엄청 괜찮은 여자한테 사랑받고 있다. 엄청 커리어 우먼인 여자도 일과 자존심을 버리고 그를 사랑하고, 엄청 순종적인 여자도 자기가 민폐인 게 싫어서 시크하고 이기적인 남자를 사랑하지만 돌아서고….

부럽다.

사랑도 받고.

이래서 주부님들이 드라마에 빠지나 보다. 감정이입 제대로 되면서 일드로 위로를 다 받네….

아무튼 이제 내가 할 일은 밥이라는 무기를 가지고 베이컨이란 적을 해치우는 것이다. 적이 좀 많긴 한데, 무기도 많다. 살이 좀 찌겠지만 해 볼 만 하다.

Ep. 40 여행

고등학교 졸업 후 매년 한 번씩 1박 2일로 여행을 가는 모임이 있다. 내가 대학교 1학년 마치고 군대를 가게 된 것을 계기로 시작된 여행이고, 올해까지 빼먹지 않고 유지되어 온 여행이다.

멤버는 나를 포함한 4명이고, 고3 때 같은 반 친구들이다. 서로 결혼식 사회도 봐 주고 축가도 해 주는 절친들이다. 작년에 이어 올해도 처자식을 두고 이 여행을 다녀왔다.

나는 친구도 소수 정예로 있어서 개인적 약속도 한 달에 한 번 있을까 말까 하고, 게임 같은 취미 생활도 없어서 이런 일탈쯤은 우리 와이프도 흔쾌히 보내 준다.

나의 1박 여행 동안 우리 봄봄이가 다녔던 문화 센터 엄마들이 아이들과 함께 집들이겸 우리 집에 놀러와 자고 가기로 했단다.

내 여행 덕분에 봄봄이 친구 아빠들은 토요일 점심부터 일요일 점심까지 만 24시간의 강제 방학을 맞이했을 터.

다음엔 나도 덕 좀 봅시다.

내가 먼저 스타트 끊은 걸 기억하시오.

처자식 두고 놀러 가는 게 매우 몹시 마음에 걸리지만, 누군가에게 강제 방학을 선사했다 생각하니 마음이 좋다.

우선 여행지 동선에 맞춰 친구A의 집 앞 주차장에서 모이기로 했다. 차를 몰고 A의 집으로 갔다. 음악을 크게 틀어 속도를 내 본다. 늘 상전님을 모시고 운전하거나 막히는 도로를 기어 갔던 터라 이런 호사가 낯설다.

요즘 꽂힌 노래 '드림캐처'라는 그룹의 노래가 나온다. 일렉 기타의 반주가 가슴속 답답함을 긁어 준다. 신난다. 한참을 그들의 노래로 반복해서 듣다 윤민수와 장혜진이 또 술로 히트를 쳤다는 노래가 나온다.

윤민수만의 눈물을 억지로 쥐어 짜는 듯 과한 바이브레이션이 가슴에 파동을 주고, 장혜진의 중저음이지만 청아하고 CD음질처럼(?) mp3처럼(?) 디지털 사운드 믹스처럼(?) 깨끗한 목소리가 가슴을 어루만져 준다.

원래부터 슬픈 노래, 질질 짜는 노래를 좋아했는데, 가사를 읊조리다 아주 오랜만에 가슴 깊은 곳, 내 키보다 더 깊은 마음속 방 안에 숨겨 놓은 일기장을 꺼내 본다.

가사와 일치하는 내용을 찾아 두어 개의 방을 열었다 다시 고이 잠그고 운전에 집중한다.

나도··· 순수했을 때가 있었던 것 같다.

풋내 쩌네.

그렇게 친구들을 만나 원주로 향했다. 남자들의 수다도 여자들의 그것 못지않다. 차 안에서 말 끊김 없이 떠들면서 두 시간을 밟아 조용한 펜션에 도착했다.

예전 여행에서는 물놀이도 하고 그랬는데, 작년부터인가 이것들이 늙어가지고 도착하자마자 바닥에 등을 붙이고 일어날 생각을 안 한다.

두 시간 정도 자고 일어나서 족구 한 게임 하니 땀이 흥건하다. 다들 개(犬)발인데, 실력이 비슷하니 그 나름 재미가 있다.

드디어 6시 반.

평소 여행 루틴대로 숯을 준비해 달라 해서 고기를 굽는다. 이들과 15년간의 여행으로 나의 야외에서 고기 굽는 실력은 최고가 됐다. 기름 많은 삼겹살도 타서 버리는 확률이 제로에 가깝다.

이 시간은 여행의 하이라이트다. 분위기와 술에 취해 반쯤 명정 상태가 돼서 말하는 이도 듣는 이도 흡족한 우리만의 밤이 된다. 유일한 미혼 친구의 썸 얘기나, 와이프들 얘기, 요즘 고충이 주된 안주다.

미혼 친구가 요즘 결혼이 하고픈지, 2년 전 헤어진 구여친과 얼마 전 소개팅했다가 끝난 인연에 대해 좋은 여자였었다'는 아쉬움 담긴 썰을 푼다.

이 친구는 어느 순간부터 갑의 위치에서 연애를 했고, 헤어짐에 있어 잡고 싶어도 자존심이 쎄서 잡지 않는 그런 나쁜 남자가 되어 있었다. 그만한 여자가 없다면 다시 잡아 보라는 우리들 얘기에 자신은 늘 갑이었다며 '을'질은 안 한단다.

평생 솔로 각

여자한테 자존심 세우는 사람이 제일 답답이.
아니, 갑갑(甲甲)이.

지가 저렇게 튕겨 봐야 좋은 사람은 다른 사람이 금방 모셔 간다는 걸 모른다.

　　　　내가 한다! You가 한 육아

하지만 아무 말 하지 않는다. 연애 관련된 문제에서만큼은 조언을 해 줘봐야 대부분 지 고집대로 하는 경우가 많기 때문이다. 그리고 고집대로 해야 나중에 후회하고 느끼고 더 좋은 사람이 되는 것도 맞기에 그냥 둔다.

그렇게 남자 넷이서 소고기 2근, 삼겹살 1근, 라면 2개, 밥 2개, 소주 5병, 맥주 3캔을 먹고 다들 11시에 기절했다.

다음 날, 서울로 오는 길에 친구 A가 자기는 와이프가 기다리는 집으로 안 가고 와이프 모르게 본가에서 어머님을 뵙겠다고 한다.

이 집은 결혼한 지 몇 개월 만에, 아니 결혼 전부터 고부 갈등이 있었다. 와이프가 차로 10분 거리 시댁에 가는 걸 꺼리니 자기 혼자 다녀오겠다는 것이다. 그러면서 자기도 미혼 친구처럼 갑의 연애를 했어야 한다고 푸념한다.

답답이 1

하나만 알고 둘은 모름

'을' 같은 여자를 만나나 '갑' 같은 여자를 만나나 나중에 본인이 '슈퍼 을'이 된다는 것을 모른다. 그리고 자기 혼자 가면 고부 갈등이 더 커진다는 것도 모른다.

우리 누나들이 결혼하고 나서 본인들도 현모양처가 되고 싶었는지 초반엔 엄청 매형들한테 존댓말 써 가며 잘하더니, 애 낳고 난 뒤로 4~5살 연상인 매형들한테 "야" 하는 걸 보고 깨달았다.

애 낳고 나면 변한다.

그만큼 힘들다.

사람이 극한의 힘든 시기를 겪다 보면 변하기 마련이다. 이 친구는 지금도 슈퍼 을인데 애라도 낳고 나면 '계'가 될 것이다.

갑을병정무기경신임계

넌 그냥 애 낳지 마라(닭 될 각).

이 극한의 시기에 조금이라도 아이 보는 와이프의 노고를 이해해 주지 못하면 인간 이하의 취급을 받을 수밖에 없다. 그러면 남편은 그 불만으로 더 밖으로 돌고, 악순환은 반복된다.

아이 낳는 순간부터 서로의 고생에 대해 더 이해하는 노력이 필요하다.

평생 꽃일 줄 알았던 와이프가 숫사자가 됐는가?

꽃밭 같던 와이프의 환경이 사파리로 바뀐 것이다.

점심 먹고 헤어지기 위해 친구 A집 근처 맛집 등갈비 가게로 향했다. 일요일 11시 반에 대기가 17번이다. 젊은 남자 여럿이 운영하는 젊은 가게다. 대기는 가게 옆 별도 공간에서 하는데, 차례가 오면 방송으로 번호를 불러 준다.

20분을 기다리니 14번, 15번, 16번이 불렸다. 30분이 되자 방송이 울린다.

"세 분 팀, 세 분 팀 들어오세요."

우린 네 명이다.

3명만의 자리가 났는지, 16번 다음인 17번이 아니고 3명 팀 자리를 부르는 것이다. 30분의 기다림에 지쳤는지 새치기 당하는 거 같아서 짜증이 몰려왔는데, 친구들이 그 순간 일어나서 나가고 있다. 따지러 가나 했는데 알고 보니,

"Seventeen, Seventeen 들어오세요!"

17이란 뜻이다.

백날 자격증 공부하면 뭐 하나… 'Seventeen'을 못 알아듣는데…. 자괴감이 든다. 회사를 안 나가고 보니 눈치와 영어에 아주 취약해졌다.

옛날엔 머리가 참 비상했는데… 육아 휴직 부작용이다. 복직해도 걱정이다. 이 상태로 적응할 수 있을지….

올해의 여행 끝!

올해도 여행 보내줘서 고마워, 여보!

Ep. 41 연중 최대 명절

우선, 요즘 띄엄띄엄 시간 날 때마다 보던 일본 드라마가 종영했다. 사랑받던 남자들이 다 해피 엔딩으로 제 짝을 찾아갔다. 그동안 설렜다. 고맙다.

어제는 1년 중 가장 큰 행사인 와이프 탄생일이었다.

우리 집 실질적 가장이 태어난 가장 중요한 날

나는 개인적으로 여름을 상당히 싫어한다. 더위를 많이 타고, 땀이 많이 나서 연애할 땐 데이트 나가는 것도 힘들었을 정도? 그 와중에 아이 낳고 길러 보니, 여름에 와이프 낳고 몸조리하셨을 장모님이 참 고생하셨다는 생각이 새삼 든다.

아… 어제 장모님한테 카톡이나 하나 보내 드릴걸….

늦었다고 생각할 때가 정말 늦은 거다.

와이프를 통해 언젠가 전달하기로 하고, 아무튼 사랑하는 내 아내에게 생일 축하한다는 말을 먼저 건네고 오늘의 일기 시작.

탄생을 축하합니다! 부인.

나랑 살아 줘서 고맙소.

와이프가 일을 하고 있기 때문에, 그리고 나는 회사는 안 다니고 애를 보고 있기 때문에 올해 와이프의 생일은 내게도 약간은 부담스러웠다. 금전적인 부담이 아니라 '어느 정도 정성을 들여야 하느냐'의 문제였다.

나도 마찬가지지만 내 와이프도 물욕 있는 사람이 아니다. 차라리 비싼 선물을 사 달라고 하면 그거 사 주고 내 할 도리 다 했다 싶은데, 그런 것도 딱히 아니라 뭘 해 줘야 할지 상당히 난감할 때가 많다.

2년 전 생일엔 아주 생곤욕을 치렀다.

아이 낳고 첫 생일이라 몸조리 중에 고생했다 싶어 적당한 금액으로 생각하고 골든듀 목걸이를 샀다(출산 선물은 따로 사 줬다). 마침 또 특별 행사 기간이라 많이 비싸지도 않고 어느 정도 의미도 있겠다 싶어 한 40~50만 원짜리로.

그 당시 와이프가 처가에서 조리 중이었는데, 일부러 그날에 회사 건강 검진 받고 일찍 삼성역 현대백화점에서 케이크와 목걸이를 사서 부평까지 갔었다.

그런 필요도 없는 목걸이를 40만 원씩이나 주고 사 왔다고(축소 신고), 와… 구박도 그런 구박을….

조선 말 천주교 박해받듯

아직도 안 잊어버린다.

차라리 왜 내 생일에 더 좋은 걸 사지 않았냐고 하든가 디자인이 구리다고 하든가 하면 납득이라도 되지, 저걸 왜 샀냐고 물으면 생일 선물인데 뭐라고 말을 해야 되냐….

오다 주웠다고 할까.

매장에서 돈 주고.

억울한 2년 전이 떠올랐다. 올해는 고맙게도 먼저 갖고 싶은 걸 말했다. 그런데 한 5만 원짜리라 마음이 더 불편하다. 이래도 불편 저래도 불편… 아무튼 그걸로 올해 명목적인 선물은 해결했다.

이런 물질적인 거야 뭐… 그렇다 치고 이제 정성이 문제다. 최소한 미역국은 해야 한다.

와이프는 내 생일에 이것저것 많이 만들어 줬는데, 애도 어린이집에 오래 보내는 상황에 최소한 미역국은 해야 한다.

생일 아침에 밥도 못 먹고 나가니(우린 아이 낳기 전부터 아침을 안 먹는다), 전야제로 케이크로 파티하고 저녁을 미역국과 안심구이로 하기로 한다. 내가 부담 없고 나름의 정성이 들어가며, 내가 공부하고 하자 잡는 데 바쁜 거 아는 와이프가 덜 부담스러운 수준. 딱이다.

군대에 있을 때 6개월 취사병을 했어서 요리는 뭐… 부담이 없다. 막 엄청 맛있진 않아도 부담 없이 흉내 낼 수 있는 수준. 급하게 집에 있는 재료로 미역국을 끓였다.

특별히 쌀뜨물로

자, 이제 케이크만 고르면 된다. 얼마 전에도 케이크를 하나 선물받아서 오래 먹고 치운 터라 케이크 사는 게 부담이다. 샀다가 한소리 들을까봐….

아, 왜 이리 쭈구리가 됐지····.

이런 사람 아니었는데.

그래도 생일인데 케이크는 있어야지 싶어, 어제 아이 데리러 가면서 맛있는 케이크를 하나 샀다. 매장 주인분께 요청한 사항은 다음과 같다.

1. 와이프 다이어트 중이니 살 안 찌고,

2. 빵순이니까 맛있어야 하고,

3. 빨리 먹고 치우게 양이 많지 않고,

4. 그렇다고 싸지 않은 고퀄리티로

불가능

1, 2, 3번 조건을 들으시고는, 바게트빵을 가져가라 하셨다.

케이크 모양은 돼야 하니 바게트빵은 탈락. 새로 그녀가 제안한 세 가지 후보 중 블랙 체리 어쩌구를 골랐다. 양이 많지 않아 2~3일이면 끝낼 수 준이고 무엇보다 와이프가 좋아하는 체리가 들어갔다.

집에 와서 먹으니 상당히 맛이 괜찮았다. 케이크는 왜 샀냐고 핀잔을 들을까 걱정했는데, 안 샀으면 큰일날 뻔했다. 좋아한다. 역시 빵순이. 그렇게 전야제 파티가 시작되고, 만찬까지 아름답게 마무리지었다.

그런데 안심은 맛있게 먹었는데, 미역국에 넣은 고기가 좀 질겼다. 고기가 약간 부족할 듯하여 마지막에 넣은 요리수(?) 요게 좀 그렇기도 했고, 고기가 좀 오래된 것 같았다. 여러모로 베스트는 아니었다.

어차피 '너의 남편인 내가 미역국 끓여 줌' 이게 중요한 거라 맛은 개의치 않는다. 다행인 건 한 냄비 끓였으나, 아이가 보채고 막 그래서 제대로 못 먹었다는 점. 다이어트 때문인지, 크게 맛이 있진 않았는지 그녀도 그닥 의지를 가지고 먹진 않았다.

개의치 않는다. 끓였다는 게 중요하다.

그렇게 전야제가 끝나고 생일 당일. 같이 평소처럼 회사에 가서 와이프

내가 한다! You가 한 육아

는 출근, 봄봄이는 어린이집에서 시간을 보낸 후, 와이프가 반차를 쓰고 나와서 셋이 에버랜드에 가는 계획이 있었다.

와이프 탄신일의 중요도가 반감될까 봐 안 썼는데, 어제는 봄봄이 태어난 지 800일 되는 날이기도 하다. 요 며칠 봄봄이가 자꾸 코끼리가 보고 싶다고 "뿌우뿌우"거린다.

아이는 어린이집에 두고 와이프랑 데이트하려 했는데, 마음에 많이 걸려서 그냥 같이 에버랜드에 가기로 하고 미리 인터넷 예매까지 마쳤던 차다.

그런데 밤에 갑자기 봄봄이가 열이 나서 오늘 그냥 어린이집에 가지 않았다. 에버랜드도 취소.

아침에 와이프 출근시키고, 새로 이사 와서 낯선 이 동네에서 평이 괜찮은 소아과에 갔다. 다행히 수족구, 중이염은 아니란다. 단순 감기. 약 처방 받아 하나 먹이고 인근 어린이 대공원에 갔다. 아픈데도 "뿌우뿌우"거려서 오늘은 꼭 코끼리를 보여 주고 싶었다.

정작 가서 코끼리는 잘 보지도 않고 무서워했으나, 한낮도 아닌데 쪄 죽을 듯 힘들었지만, 그렇게 코끼리까지 보여 주고 집에 와서 점심 먹이고 씻기고 낮잠을 재웠다.

와이프가 반차를 쓰고 집에 와서 같이 늦은 점심을 먹으려는데, 식사 시작하려다 아이가 바로 깨어나서 또 미역국을 제대로 먹지 못했다. 하지만 괜찮다.

본실력은 드러나지 않고, 기쁘게만 했다.

이게 진짜 실력

어제 내 와이프의 생일과 봄봄이 800일은 셋 모두에게 힘겹게 끝났다. 아니 와이프와 봄봄이가 많이 고생하고 끝나서 많이 아쉽긴 한데… 그래도 오늘 아이 컨디션이 돌아왔다. 열도 떨어졌다.

다행이다. 와이프의 생일도 봄봄이의 800일도, 나만의 평범한 하루도 무사히 지나갔다. 그리고 오늘, 우리에게 좋은 하루가 시작됐다. 아이랑 와이프 데려다주고 나는 또 하자 보수를 기다리고 있다. 아직 12시 전, 오늘도 행복한 하루가 되길 바라 본다.

Ep. 42 아이의 장난감

내가 회사에 다니고 와이프가 휴직해서 아이를 보고 있었을 때, 와이프 한테 자주 들었던 얘기가 있다.

"봄봄이랑 외출했는데, 장난감 사 달라고 졸라서 힘들었어."

그냥 사 주고 힘들지 말지 왜….

외벌이 소득 수준의 문제라기보다, 아마 그 당시에 남편이 힘들게 돈 벌고 있고, 아이에게도 들어가는 돈이 꽤 있는데 아낄 수 있는 건 아끼려는 아름다운 마음이었을 거다.

그때마다 나는 그냥 사 주지 그랬냐고, 안 그래도 아이가 좋아하는 거 못 사줘서 상처가 생겼을지도 모를 와이프 가슴에 소금을 쳤다.

육아와 경제 활동 역할이 바뀐 지금 나는 어떤가?

돈 쓰는 거에 갑자기 인색해진 나임에도 불구하고, 그때의 와이프를 이해함에도 불구하고 웬만하면 사 준다.

몇 달 전 봄봄이와 내가 아쿠아리움 다녀왔을 때, 기념품숍에서 봄봄이가 고른 뽀로로 풍선을 손에 쥐여 주고, 퇴근하는 아내와 만나 집에 간 적이 있다.

그때 와이프가 그 풍선을 보고는

"전에 그 풍선 사 달라는 거 안 사 줬는데, 엄청 좋아하네···.
그때 그냥 사 줄걸···."

사 주면 얼마 후 안 가지고 논다는 게 안 사 준 이유였음

와이프도 이제 본인이 돈을 버니 그 5천 원의 가치보다 아이의 기쁨에 더 눈이 가는 모양이다. 와이프가 번 돈으로 생색은 내가 다 내고 다닌다.

우리 집뿐 아니라 보통의 가정도 그런 거 같다. 아빠들은 그냥 사 주라 하고, 엄마들은 조금만 비슷한 거 같으면 집에 있다고 말리는···.

지나친 일반화 주의

내 지나친 주관적 생각임

경제 활동을 하는 쪽은 자기들이 버는 돈이 자식을 위해 쓰이는 거에 있어 효율성보다는 시의적절한 욕구 충족이 더 중요한 반면, 경제 활동을 쉬거나 안 하는 사람들은 같은 돈을 쓰더라도 다른 종류의 장난감을 사서 효과성을 극대화시키려는 본능이 강한 것 같다.

어렵게 썼지만 당연한 말이다. 그게 보통 전자는 아빠고, 후자는 엄마다. 경제 활동을 했던 엄마도 아이를 보는 동안은 경제 활동을 안 하고 있으니, 지금의 내 모습처럼 돈 쓰는 거에 소극적이 되는 것 같다.

내가 한다! You가 한 육아

그럼에도 불구하고 역할이 바뀐 지금, 나는 왜 아이 장난감만은 사 주는지 생각해 보면 딱 한 가지다. 그게 아이에게 어떤 의미인지 알기 때문이다.

마트를 돌다가 슬쩍 본 장난감에 꽂힌 아이에게, 그 장난감은 지금 필요한 것이다(Right now). 조금 더 싸게 사겠다고 인터넷으로 사서 이미 손에 쥔 그립감을 포기하게 한들, 조금 싸게 산 만큼보다 크게 아이의 만족도는 떨어진다(보고 있나, 와이프).

그리고 아이가 고른 장난감이 거절되는 주된 이유인 '집에 있는 것과 같은 것'은 사실, 사실이 아니다. 똑같지 않은 걸 알면서 아이의 단념을 유도하거나, 아이가 발견한 기존 장난감과의 엄청 큰 차이점을 작다고 치부해 버리는 것이다.

내가 그랬다. 웬만하면 사 주는데 와이프랑 같이 있는 경우, 아이를 단념시키기 위해 집에 있는 것과 같다며 포기시켰었다. 와이프랑 같이 있을 땐,

불가항력, 천재지변

극복할 수 없다.

그냥 마트 말고, 어디 아쿠아리움이라도 가면 꼭 상술스럽게 출구에 마련한 기념품숍에서 비록 아주 흡사한 종류의 장난감이라도 봄봄이가 원하면 사 주는 편이다. 거기서 시간을 보내고 마지막에 나오는 길, 손에 뭔가 쥐고 나올 때 느끼는 심리적 포만감을 주고 싶다는 이유도 있다.

하지만 무엇보다 나중에 그 기념품 가지고 집에서 아이에게 얘기를 해 보면, 모를 것 같지만 다 기억할 거라고 믿기 때문이다.

"이거 아빠랑 펭귄 보러 가서 샀지?"

뭔가 아는 듯 끄덕이는데, 눈빛이 꼭 기억하는 것 같다.

그때 사 준 그것이 분명 그때를 생각나게 해주는 매개체가 될 것이다.

내가 어렸을 때 우리 집은 자식들도 많고, 기타 등등의 이유로 풍족하지 못했다. 성실한 부모님 덕에 기본적인 의식주 해결이야 됐지만 플러스 알파는 충족이 안 됐다.

풍족과 충족과 만족은 비례 관계

단계별 순차 비례

지난 에피소드 주제가 와이프 생일이었는데, 작년 내 생일 때 와이프한테 갖고 싶다고 한 선물은 다름아닌 장난감 총이었다. 물욕이 별로 없는 나지만, 어릴 때 갖고 싶어도 손에 쥘 수 없었던 그것을 나이 34살 때 와이프한테 생일 선물로 사 달라고 한 것이다.

와이프가 뭘 갖고 싶냐 물었는데, 그게 생각났다. 정도는 덜하지만 그게 아직도 갖고 싶었던 모양이다.

이번에 이사하면서 아부지가 그 총을 보셨고, 나이가 몇 갠데 아직도 저런 걸 갖고 노냐고 한마디하셨다.

'어릴 때 좀 많이 사 주지 그랬어'라고 말하지 '못'했다.

그래도 없는 형편에 많이 사 주신 편이라서.

내가 한다! You가 한 육아

아부지 말이 맞지만 뭐 어쩌겠는가… 이 나이가 되어도 그게 갖고 싶고, 갖고 놀지 않아도 갖고 싶었던 게 내 손에 있는 게 좋은걸….

어릴 때부터 내가 갖고 싶은 건 가질 수 있다는 믿음이 있었다면, 크면서 조금 더 자신감 있고 조금 더 삶을 밝게 보는 시각이 생겼을지 모르겠다.

자기반성

앞으론 밝게 살자.

갖고 싶은 걸 다 가지면 버릇 나빠진다는 설이 있던데, 다 갖지 못해도 왕싸가지(?)인 나를 보면 그런 것 같지도 않다. 너무 잘 사 주지 않아도, 나처럼 성격 이상한 어른이 될 수 있다.

마무리가 이상하다. 자기비하로 끝날 위험에 처했다. 아이를 엄청 위하는 아빠로 위장하고 끝내야겠다.

아이의 순간순간의 감정을 지켜 주기 위해, 얻지 못하는 것에 대한 좌절감을 주지 않기 위해, 경제적인 이유를 벌써부터 알려 주긴 싫어서 나는 아이에게 장난감을 사 준다.

좋아, 완벽했어.

순간순간 욱하지나 말자.

Ep. 43 봄봄, 너의 기원

지금으로부터 약 5년 5개월 전 쌀쌀한 평일 저녁 7시. 사진으로만 봤던 그녀를 종로 베니건스 1층 출입구에서 만났다.

매년 같이 여행다니는 친구 중 한 명의 갑작스러운 주선에, 어디 이번엔 인연이 되려나 싶은 기대로 응한 그 만남.

"소개팅 콜?"

85년생, 너네 회사 근처 은행원, 이상 정보 없음

난 빠른 86년생이다. 범 85년생으로, 85년생과는 92년 첫 취학 이래 친구로 지내 왔으니 동갑이라 간주했다.

내 주변을 보면 보통 연하를 만나고 싶어 했다. 오빠 소리에 대한 로망이 있는지, 뭔가 나이를 포함한 모든 것에서 우위를 점하고 싶은 건지. 나도 30년간 업보처럼 따라다닌 빠른 년생의 애매함을 확실하게 하기 위해, 87년생 이하의 여성을 만나 보고자 했었던 때도 있었다.

하지만 직접적, 간접적 경험으로 비춰 볼 때, 결혼하고 나면 이런 비교 우위는 아무 소용 없다는 걸 깨닫고 나이는 중요 체크리스트가 아니게 되었다.

어쨌든 엄밀히 말하면 연상이고, 16년간 학창 시절 동안 같은 학년이었을 그녀의 첫인상은 이랬다.

사진이랑 똑같다.

소개팅 시장에서 사진과 실물의 괴리율은 20% 수준

자신의 실물보다 단 1%도 더 잘 나오지 않은 사진을 건넨 것과 단 1분도 늦지 않고 정시에 약속 장소에 도착한 것을 보고 자신에 대한 강한 자신감을 가진 사람일 것이라 추측했다.

저녁 시간 2시간이 마치 20분같이 흘러갈 정도로 시간 가는지 모르게 지나갔다. 초면에 실례일 수 있는 질문도 서슴없이 하고 싶을 만큼 그녀가 궁금했다. 나의 가치관이나 결혼관에 상당히 일치하는 여자였고, 참 괜찮은 여자였다.

똑부러지는 쎈 인상과 내가 가진 은행원에 대한 편견에 비해, 상당히 자신을 낮출 줄 알고 내게 맞춰 주려는 모습이 좋았다. 저녁을 먹은 후 마음을 정했다.

Go.

어쩌면 이 여자랑 결혼할 것 같다는 느낌

사소한 것일 수도 있는데, 나는 엄청 슬픈 노래를 좋아한다. 이런 류의 사람은 잘 없는데, 그녀도 땅 파고 지하까지 파들어가는 슬픈 노래를 좋아한다고 했다. 쉽지 않은 것에 대한 공통점이 발견된 것도 너무 마음에 들었다. 그렇게 다음번 만남에서 결혼을 전제로 만남을 청했고, 그로부터 10개월 후 진짜 결혼을 했다.

당시 내 나이 30살(실제 29살), 와이프도 30살. 누구 하나 급할 것 없는 결혼이었는데도 뭔가 물 흐르듯, 하지만 나의 강한 추진으로 진행됐다.

만남이라는 게 그렇다. 아무리 좋은 사람과의 만남이어도 서로 준비된 때가 아닌 만남이면 깨지기 십상이다. 좋은 사람을 만나기도 어렵지만, 그 사람과 결실을 맺기도 어렵다. 놓치고 싶지 않았다. 그렇게 우리 봄봄이의 기원이 시작됐다.

그렇게 5년 이상을 같이 살아 보니 그녀는…

로또였다.

나랑 맞는 게 별로 없다.

나는 사극을 참 좋아하는데, 사극은 질색팔색을 한다.

나는 밥을 좋아하는데, 빵을 더 좋아한다.

나는 다양한 재테크에 관심이 많은데, 저축만 한다.

나는 개방적인데, 엄청 보수적이다.

등등.

이런 차이점은 뭐 이해할 수 있다. 결혼 결정에 10%의 영향을 미친 그것. 슬픈 노래를 엄청 좋아한다고 했는데, 살아 보니 딕펑스의 「VIVA청춘」이 최애곡이다.

속았다.

가사가 참 햇빛처럼 눈부시게 밝더구나.

로또 번호처럼 잘 맞는 게 없음에도 불구하고, 우리는 잘 싸우지도 않고 잘 살아 왔다. 그냥 내 와이프는 저런 사람이구나, 내 남편은 이런 사람이구나 이해하고 받아들이며 살아온 것 같다. 지금부터가 진짜 내가 하고 싶은 얘기다.

정말 중요한 얘기다.

우리 봄봄이가 지금 27개월, 요즘 들어서야 조금 말도 통하고 편해졌다고 생각한다. 이제서야 느끼는 그것. 지금까지 힘들었던 육아 중에 그래도 다행스러웠던 건, 그녀가 아이를 참 좋아하는 사람이었다는 것이다.

수십번 못참고 폭발한 나와는 달리 자상한 엄마였고, 이해심 많은 엄마였다(폭발 비율 100:1). 모성애와 부성애의 근본적 차이도 있었겠지만, 처음부터 아이를 좋아했던 아내였기에 그랬다고 생각한다.

앞으로는 봄봄이가 고집도 더 부릴 거고 말대꾸도 할 거고… 미운 4살이, 때려 주고 싶은 7살이 되어 갈 것이다. 그래도 그녀는 나보다는 더 많이 이해하고 자애로운 엄마일 것이라 믿는다. 지금 생각해 보면 그게 참 고맙고 다행스럽다.

내가 육아하기 전, 주양육자였던 아내가 힘든 것을 전부 아이에게 또는 나에게 풀었다면 내가 너무 힘들었을 것 같은데, 그녀는 아이의 거의 모든 것을 이해했다. 내가 주양육자가 된 지금도 회사에서 시달리고 오면 엄마만 찾는 봄봄이에게도 짜증 한번 내지 않는 좋은 엄마다.

좋은 가장이 꿈이었던 내가(야망, 성공욕 없음), 좋은 가정을 꾸려 보겠다고 따져 댔던 여자의 조건이 무색하다(지금 당장만이 아닌 오래오래 사랑할 수 있는 사람 — 나랑 비슷한 환경을 가진 여자).

한번도 생각하지 않았던 '아이를 좋아하느냐'는 점은 지금 와서 나를 행복하게, 다행스럽게 한다.

그녀는 정말 로또였다.

당첨 확인도 안 하고 버릴 뻔.

내가 따져 댄 조건에도 충족하는 객관적으로 훌륭한 사람이며, 내가 보지 못한 장점까지 갖췄다. 내가 보지 않은 그 한 포인트가 우리 세 가족, 늘 웃으면서 살게 해 주는 키포인트가 됐다.

물론, 단점도 있다.

능력도 있고, 똑똑하고, 내게 산소(O_2)같은 꼭 필요한 존재이지만, 싸우거나 수틀리면 내 기분을 산소(무덤)같이 만드는 여자이기도 하다.

그럼에도 불구하고 우리 봄봄이가 커서 사랑을 한다면, 꼭 엄마같이 아이를 참 좋아하는 여자를 만나길 바라 본다.

봄봄이의 기원을 적다가 엄마 같은 여자를 만나길 기원하며, 감성 폭발한 날 오글 폭발하게 적는 일기 마무리.

(술 안 먹었음)

(와이프한테 최근 잘못한 거 없음)

(사고 친 거 없음)

(갖고 싶은 거 없음)

Ep. 44 등원 거부

아직도 복직 결정이 안 나서 대기 상태지만(어우 지겹다…) 요즘 와이프가 아이 들여보내고 나는 내려주고 오는 연습을 하고 있다.

맞벌이 시뮬레이션 중

거의 다 왔다 싶은 순간, 등원 5개월 만에 '이제 적응 다 시켰다. 회사 가자' 하려는 마당인데, 요즘 갑자기 어린이집 자기네 반에 들어가기 싫다고 운다.

아… 도로아미타불이다. 5개월간 안 그러다 회사 가려니 이제서야….

때는 지난주 월요일.

바로 전날 일요일에 본가 집들이를 마치고 나자 미열이 조금씩 나더니 급기야 밤에 열이 났다. 월요일 등원을 포기하고 병원에 갔더니, 요즘 대유행하는 수족구는 아니고 그냥 목이 부었단다.

그렇게 화요일까지 쉬고 수요일에 등원을 했다. 평소와 같이 아이랑 빠이빠이 하고 나오려는데 아이가 잡는다. 반에 안 들어가려고 하고 밖에서 책 보자고 해서 읽어 주면 딴짓만 한다.

생각해 보니 요즘 수족구가 유행이라 3세 반 두 개 반에서 등원한 아이들이 반밖에 안 됐다. 그래서 두 반을 합쳐서 꿀벌반에 아이들이 모여 있었는데, 담임 선생님도 연수라 2주째 안 나오는 상태에서 대체 선생님이 처음 보는 분이다. 보통 대체 선생님도 다 아는 분이고 자주 보던 분인데….

나도 낯선데 봄봄이라고 안 낯설까? 설상가상 친한 친구들도 수족구라 안 나왔다.

아… 된장… 아이가 반으로 안 들어가려 하길래 "아빠랑 집에 갈까?" 물었더니 그건 또 싫단다.

그렇다고 내가 계속 머물 수도 없는 노릇. 다른 아이들에게 부모를 상기시킬 수 있어서 오래 있는 것도 못 한다. 혼자 들어가는 것도 싫고, 아빠랑 집에 가는 것도 싫고… 진퇴양난이다. 그렇다고 우는 애 떼어놓고 올 수 없어 설득해서 데리고 나왔다.

첫 등원 거부.

수족구 피했더니 등원 거부 등장

나는 환장

목요일, 금요일 잘 달래서 이제 엄마가 등원을 시켰는데, 친구들이 돌아오기 시작하더니 또 잘 들어갔다. 거기에 월요일부터 봄봄이가 좋아하는 담임 선생님이 돌아왔다. 등원 거부 상황을 종료시킬 끝판왕이 등장했다 (냉정한 사람이지만 아이가 좋아한다).

이제 됐다.

내가 한다! You가 한 육아

이번 주 월, 화, 수 같이 등원하는 엄마에게도 무심한 뽀뽀와 "안뇨오옹~"을 남겨 줘서 와이프가 마음 편히 나왔다.

마음놓고 있었는데 오늘 또 거부하기 시작한다. 끝판왕이 있어도 소용없다. 큰일났다. 엄마가 억지로 끝판왕에게 인도하고 나는 지금 주차장에서 대기 중이다.

억지로 들여보내면 울다가 이내 달래지는 거 같긴 하다. 인간은 적응의 동물이니…. 그리고 3월부터 풀타임 다니는 아이 중에 아직도 부모랑 떨어지기 힘들어하는 친구도 있다.

그런데 봄봄이는 거의 그런 적 없이 잘 떨어지다가 나 회사 가려니 이제서야 저런다. 진작 그랬음 복직 얘기 하지도 않았지.

인생이 내 맘 같지 않다. 수족구 피해서 좋아한지 얼마나 됐다고, 또 다른 문제를 떠안는다.

아이 낳고 마음 편해 본 적이 없는 것 같다. 어린이집 보내고 나서는 더 그런 듯. 점심 먹고 나서 보내 주는 알림장만 눈 빠지게 기다린다.

누구를 위한 어린이집이고, 누구를 위한 맞벌이인가… 아이를 위한 게 뭐가 맞는 건지 멘붕과 현타가 온다.

억지 적응을 시켜, 엄마 아빠랑 있어야 할 시기에 친구들이랑 쌩판 남인 선생님과 시간을 보내고… 아이가 싫다 하는데도 억지로 들여보내는 상황… 그걸 적응시켜야 되는 부모….

내가 살아 보니 어렸을 때 부모와의 추억도 중요하긴 한데, 자식이 필요할 때 부모가 건네는 도움이 더 중요한 거 같긴 하다마는… 아이는 또 다르게 생각할 수 있으니 '아이를 위한 거다'라고 포장하고 싶진 않다.

어린이집에 전화를 걸었다. 잘 있는지 확인하고 주차장을 뜨려고 한다. 엄마 가고 나서부터 또 잘 논단다. 내가 믿고 싶어서 저 말을 믿는다. 사실인지 아닌지에 신경 쓰기보다, 내 마음 편하려고 내 와이프 마음 편히 일하라고 믿어 본다.

그리고 나는 속상한 마음을 뒤로하고 내 할 일을 하러 간다. 오늘도 무사히 하루가 지나가길 바라며….

 ··· D+140

Ep. 45 숨 쉴 수 없게 만드는 그것들

지난 주말, 요란하게도 태풍 소식이 전해졌고 서울에도 비가 왔다. 지금은 우려와 달리 태풍이 금방 소멸돼서 비가 적당히 오다가 그친 다음 날의 월요일이다.

비도 와 주고 최근에 좀 맑다 싶었는데 오늘 또 찾아와 주셨다.

그 이름 미세먼지

너 때문에 진짜 못 살겠다.

미세먼지가 상당히 나쁜 날은 내 기분도 '상당히 나쁨'이다. 봄봄이 태어나고 나서부터 이 미세먼지에 더 예민해져 가지고 공기청정기만 집에 3대다. 아이가 자는 안 방에 2대(가습공기청정기 1대, 공기청정기 1대). 거실에 1대. 거기에 요즘 짓는 아파트에 의무로 설치된다는 환기 시스템까지 갖추고 있어서, 미세먼지가 쳐들어오면 문만 닫고 환기 시스템 돌리고 공기청정기 풀로 돌리면 되는 줄 알았다.

어제 친한 형네 가족이랑 만나서 간만에 진탕 술 마시고 그 형 집에서 놀다 왔는데, 그 형 내외가 한번 써 보라며 측정기를 건넨다.

그 측정기가 측정하는 건 바로 **라돈**. 어디 듣도 보도 못한 놈이 튀어나왔다.

군침을 유발하는 '한돈'도 아니고, 자신감을 유발하는 '내 돈'도 아니고, 폐암을 유발하는 라돈….

참 좋은 것도 유발해 주는구나.

귀신 피했더니 호랑이 만난 셈

이 수치가 높으면 담배 40개피를 피우는 거랑 같단다. 안 그래도 최근에 봄봄이 라텍스 침대를 새로 산 터라 신경 쓰였는데 잘됐다 싶었다.

한국 기준은 4pCi가 넘으면 안 된다는데, 집에 와서 침실을 측정해 보니 1.××pCi 정도가 나온다. 다행이다 싶은 마음으로 자는 내내 틀어 놓고 아침에 일어나 보니 5pCi가 넘어간다.

헐!

이런 된장…

라돈은 새벽이나 겨울에 많이 나온단다. 갑자기 뒤통수를 빡! 맞은 듯한 느낌. 아는 만큼 보인다더니, 그동안 무지해서 라돈 속에 아이를 재웠다. 미안하다, 아들아.

겨우 미세먼지 대책 세워 놨더니 더 쎈 놈이 등장했다. 라돈 이놈은 다른 대책은 없고 계속 환기 자주 시키고 해야 된단다. 그래서 오늘 아이 데려다주고 집에 와서 또 이것저것 돌리다가, 미세먼지가 굉장히 많은 날임에도 환기를 강행했다.

환기 후 미세먼지는 폭증했지만, 문 닫고 있었을 때보다 확실히 내려가긴 내려간다. 측정에는 오랜 시간이 필요하다.

이건 뭐 미세먼지 많은 날에도 계속 환기시켜야 되는 건지. 라돈 잡으려다 미세먼지로 목과 눈에 빵꾸 날 거 같고, 안 잡자니 폐암 걸릴 거 같고… 현재 집안 살림을 총괄하는 입장에서 집 안에 오염 물질이 있다는 걸 용납할 수 없다(그런데 뾰족한 수도 없다).

봄은 황사가 지랄, 여름 가을은 미세먼지가 지랄, 겨울은 스모그가 지랄… 참 살아가기 지랄 맞은 세상.

'지랄'

마구 법석을 떨며 분별없이 하는 행동을 속되게 이르는 말.

(출처: 국어사전)

진짜 어디 뉴질랜드라도 가서 살아야 되나 싶은 요즘이다. 숨 쉬는 데도 상당한 노력과 돈을 지불해야 되는 세상.

어우… 힘들다.

Ep. 46 두 여자

두 여자가 있다.

모든 면에 깔끔하고 야무진 대신 인간미는 부족한 A와 덜 완벽하지만 인간적이고 사람을 편안하게 만드는 B.

한 남자도 있다.

스스로 하는 거라고는 하나도 없이, 모든 면에 손이 가는 모성 본능을 심하게 일으키는 상남자. 자기가 원하는 걸 못하면 매우 화를 내고, 욕구가 충족됐을 때 한없이 만족감을 표현하는 본능에 충실한 남자.

모든 걸 챙겨 주고 맞춰 줘야 하는 이런 피곤한 남자는 여자 B를 선택하는 게 누가 봐도 좋을 것 같은데, 이 남자는 모든 일에 완벽한 A를 선택하고야 말았다.

여자 B의 끊임없는 헌신에도 불구하고 그 남자는 그녀를 밀어내고 외면하기 바쁘다. 반갑게 인사하는 B의 웃는 얼굴에 고개 돌리고 대놓고 무시하는 건 예사. 자존심 다 버리고 어떻게든 다가가려는 여자 B에게 남자는 무서울 정도로 차갑다.

반면 여자 A에게는 한없이 자상한 그 남자. 여자 A만 옆에 있으면 그 남자는 그저 싱글벙글.

여자 A가 겉으로는 완벽한 성격에 다정하기까지 해 보이지만, 조금만 지내 보면 알 수 있다. 그녀는 냉정한 사람이고, 때로는 얼음장같이 차갑다. 그걸 이 남자만 모르는 것 같다.

옆에서 그들을 바라보면 안타까울 따름인 그들만의 삼각관계.

봄봄이와··· 담임, 부담임 선생님의 이야기

부제 '어린이집에서 생긴 일'

봄봄이는 담임 선생님인 여자 A를 엄청 좋아한다. 하이톤의 목소리를 가졌고, 봄봄이의 행동 하나하나에 리액션이 엄청나다. 어린이집 교사가 가져야 할 모든 걸 정말 잘 배운 것 같은 느낌? 우는 아이 달래는 것과 갑작스러운 상황에서의 대처 능력까지 잘 갖췄고, 쓰는 단어 하나하나도 양육 전문가스러운 냄새가 나는 베테랑이다(유아교육과 박사 졸업자 같음).

반면 부담임 선생님인 여자 B는 그냥 봐도 선한 인상에, 아이를 정말 좋아하는 순수함을 지녔다. 하원할 때 우리 봄봄이가 어떤 응가를 했는지, 뭘 하고 놀았는지, 뭘 좋아했는지 내게 설명해 주면서 본인이 더 신나 보인다. 아이를 너무 좋아하는 사람처럼 보이고 다복한 가정에서 사랑만 받고 자란 사람 같다. 그런 모습에 나까지 기분 좋아지고 아이 맡기는 게 안심이 됐다.

몇 주 전, 담임 선생님이 2주간 교육으로 부재 중이었을 때다. 하루이틀 부재 중일 땐 몰랐는데, 부재가 길다 보니 그녀의 공백이 크다. 봄봄이 하원 복장을 보면 뭔가 좀 지저분하고 잘 케어받지 못했다는 게 티가 났다.

담임 선생님이 있을 때는 없던 부분이다. 그리고 다른 임시 선생님이 투입됐음에도 불구, 부담임 선생님은 아이들 케어를 감당하기 버거워하는 듯한 모습을 보였다. 아직, 조금 더 경험이 필요해 보인다.

우리 부부는 이런 점에서 담임 선생님의 베테랑다운 면모가 정말 필요하다고 공감함에도 불구, 어린이집에 아이를 보내면서 한두 번씩 담임 선생님의 차가움에 상처를 받아 본지라 부담임 선생님한테 마음이 더 가는 게 사실이다.

물론 담임 선생님과 부담임 선생님의 양면 모두 아이들을 케어하기 위해 필요하다고 생각한다. 어쩌면 일부러 그 둘이 상호보완을 위해 조합됐을지도 모른다. 어쨌든, 요즘 우리 봄봄이가 아침에 등원할 때 부담임 선생님이 있으면 "아니야!"를 외쳐 주시고는 문 닫고 나와 버리는 상황이 계속되고 있다.

집에 갈 때도 부담임 선생님이 인사하러 나오면 외면하기 일쑤다. 내가 다 무안하고 미안하다. 그런데 무안이고 미안이고가 문제가 아니라, 요즘 이 꼬맹이. 등원 거부를 하지 않나, 오늘도 낮잠 깨서 울고 열나서 급하게 가서 데려왔다.

엄청 어린이집 가기를 꺼린다. 항상 좋아서 갔던 곳인데, 요즘엔 어린이집 가자고 하면 고개부터 젓는다. 담임 선생님이 있으면 그래도 정신 놓고 들어가는데, 없으면 잘 안 들어가려 하고 부담임 선생님을 대놓고 싫어하니 나중에 또 담임 선생님의 부재 때 어쩌나 싶은 걱정이 앞선다.

이제 복직이 코앞으로 다가왔는데, 그동안 적응 다 해 놓고 회사 나가려니 이런다.

담임 선생님과 여름 휴가 일정 맞춰야 할 판
당신의 부재를 용납할 수 없다.

아… 복직하면 어떨지 매우 걱정이다. 이제 진짜 본게임 시작.

논외로, 나는 부담임 선생님 같은 여자가 훗날 봄봄이의 아내가 됐음 좋겠는데, 벌써부터 봄봄이랑 내가 보는 눈이 달라서도 걱정이다.

많이 만나 보면 봄봄이도 내 쪽으로 수렴하겠지.

나는 운 좋게 **첫사랑**임에도 잘 고른 거고 (믿어 줘 여보)

참고로, 봄봄이 엄마는 저 두 명의 장점을 다 갖추고 있다.

야무짐 + 아이를 좋아하는 순수함

단점도 다 갖춤 (차가움 + 허술함)

야무진데 허술한 사람 찾기 어려움(유니크한 사람).

PART 4.

다시 제자리,
그리고
빈자리

Ep. 47 복직 확정

복직이 확정됐다.

출근은 다음 주 월요일이고, 복직을 앞둔 지금의 기분은 매우 별로다.

휴일에 전화 받고 출근하는 기분 + 봄봄이 걱정

복직 확정에 대한 연락은 이번 주 화요일에 받았다. 그렇게 나는 휴직한 지 5개월 만에 전격 복직하게 되었다. 1년 생각하고 휴직을 했는데도 불구, 복직이 급하게 당겨진 건 내가 복직을 다른 팀에서 하고자 했던 이유가 컸다.

내가 원하던 그 다른 팀에서는 늦어도 7월경엔 나와 주길 바랐고, 풀타임 어린이집을 다니는 봄봄이도 더 이상 나의 케어가 필요 없어 보였다.

내 이동을 위해 날 땡기는 팀에서 6월 중순부터 약 한 달 반 동안 내 현소속 군함도팀 팀장님과 많은 이야기를 나누셨다.

나도 내 소속 상무님께 수차례 이메일도 보내고 이동 의지를 엄청 피력했다(그 과정에서 개인적으로 친한 상무님을 잃었다).

그럼에도 불구하고 한 달 반이나 걸렸던 건, 기존의 군함도팀에서 응하지 않은 탓이다. 이렇게 얘기하면 내가 되게 능력 있어 보일 수 있는데, 그게 아니라 내가 하던 일의 특성과 관련이 있다.

군함도팀에서는

"JK 대리 데려가려면, 그가 하던 일도 가져가라."

말 그대로 팀'만'이동

내가 이동하려던 팀은

"큰 거 한 개만 받겠다."

그거도 인심 쓴 거다.

나의 이동을 빌미로 팀 간에, 크게는 본부 간에 업무 조정을 하려다 보니 시간이 이렇게 오래 걸린 거다.

사람 보내면서 일까지 같이 보낸다는 건 전무후무한 일이지만, 그것도 상무님께 개인 친분을 무기로 수차례 이메일 보내서 겨우 따낸 조건부 허락이다.

팀 이동이라는 건 다른 팀에 가서 새로운 업무를 배워서 개인의 커리어를 개발시키고, 적성도 찾고, 다양한 업무를 해 보면서 제너럴리스트나 스페셜리스트가 될 수 있어야 하는 과정인 건데, 이건 뭐 내 소속 팀명만 바뀌고 하던 일은 그대로 하게 됐으니⋯.

군함도만 탈출해서 똑같은 노동하는 셈

그래도 내 자리 남겨 줘서 회사에 감사

일이 이렇게 된 것은 군함도팀에서 내 후임으로 온 사람이 난을 일으켜 급하게 떠난 탓이 크다. 그래도 그런 식으로 업무가 넘어가는 건 참 있기 어려운 경우인데, 그 일을 떠안으면서까지 날 받아 준 새 팀이 많이 배려해 준 것이다. 새 팀에 감사한다. 그래서 이제 내가 이동하는 팀을

감사팀(Thank you 팀)으로 부르겠음

개인 비위를 감독, 검사하는 감사(監査)팀 아님

어쨌든, 그렇게 힘들게 서로 하기 싫어 핑퐁 치는 똥 같은 일을 일부 가지고 감사팀으로 가게 됐다.

1 + 1

JK 대리를 데려가면, 똥 같은 일도 덤으로 드립니다.

서설이 길었다(분노의 서설).

출근을 3일 앞두고 감사팀에 오늘 미리 인사를 하러 갔다. 아이가 편도염이라 3일째 어린이집에 못 가고 내가 봤는데, 오늘은 와이프가 반차 내주고 일부러 인사하러 왔다. 군함도팀에도 인사를 가려 했는데, 상무님이

내가 한다! You가 한 육아

휴가라 다음에 가기로 한다. 심히 부담스러웠는데 다행이다 싶다.

팀 분위기가 군함도팀이랑 비교가 안 되게 화기애애하다. 팀장님도 꼼꼼하고 타이트해 보이지만 어딘가 사람다운 냄새가 난다. 그 팀에 7월 1일자로 육아 휴직에서 복직한 여자 동기가 있다. 친하진 않았던 동기인데, 말 좀 해 보니 내 적응에 큰 도움이 될 것 같다. 다행이다.

이제 뭐 모든 건 정해졌고, 'Seventeen'을 못 알아듣는 내 상태와 살쪄 버린 몸뚱이가 걱정이다. 아이 보고 살림했더니 머리 쓸 일이 별로 없었다. 기억력도 감퇴되었고 두뇌 활동이 되질 않는다. 회사 일은 잘할지 적응이 심히 걱정이다.

그리고 육아하다가 35살에 구강기를 또 겪으면서 이것저것 주워 먹다보니, 내 배를 둘러싼 벨트가 생겼다. 그 벨트 덕에 몸무게 안 잰 지는 몇 개월이나 됐다(무섭다).

생각만 해도 기분 구려지는

구린벨트

거기만큼은 개발되지 말았어야 했다.
현재 난개발 진행 중

내 걱정뿐 아니라 봄봄이도 걱정이다. 어린이집 가기 싫어하는 것과 지금 며칠째 고열을 유발하는 편도염만 잘 극복하면 되는데, 회사로 돌아가려 해도 마음처럼 쉽지 않다.

··· D+147

Ep. 48 첫 출근

출근을 했다. 5개월하고도 9일 만에. 경력 단절 이후 첫 출근이다.

컴퓨터도 없고, 전화기도 없고, 아직 아무것도 없어서 3시간 넘게 놀고 있다. 뒷사람에게 책을 빌려 책 읽는 척을 하고 있고, 초점 잃은 내 눈은 무의미한 굴리기를 반복하고 있다.

월급 도둑질 중

합법적으로 놀고 있음

첫날이니 좀 일찍 왔다. 8시 반 정도. 아이도 편도염이 다 낫고, 열도 떨어져서 컨디션 좋게 왔다. 오늘이 진짜 중요한 날인 걸 아는지, 집에서 나올 때도 짜증 한번 없이 왔다. 기특한 녀석.

내 소속이 어딘지 슬쩍 알려 주는 빨간색 노비 목걸이를 매고, 와이프 회사 주차장에 차를 댄 후 건물을 빠져나왔다.

이 노비 목걸이가 주는 느낌이 오늘 또 색다르다. 내가 어느 정도 밥벌이를 하고 있다는 공식적인 증표이며, 봄봄이 어린이집을 오가며 만난 건물 가드분들에게도 내가 실업자가 아니었음을 증명할 수 있다.

내가 한다! You가 한 육아

봄봄이가 걱정되어 무겁지만, 뿌듯한 마음으로 건물 밖을 나오는데 덥다. 복직하면서 회사 입구에 가기도 전부터 난관이다. 나는 더위를 아주 많이 타는데, 긴 바지를 입어야 되고 하물며 와이프의 패션관에 따라 말복을 향해 가는 지금 긴팔 셔츠를 입어야 된다.

반바지 입고 출근하는 회사가 나오는 판에 이게 무슨 시대에 역행하는 일인가.

반팔 셔츠를 입는 순간부터 아저씨라며, 결혼하고 애 낳은 아저씨가 아저씨처럼 반팔 셔츠를 입겠다는데 그걸 막는다.

언제는 아저씨 소리 듣는 게 당연하다더니… 아버지를 아버지라 부르지 못하고, 아저씨가 아저씨처럼 입지 못하는 홍길동 신세.

너도 이제 '히잡' 쓰고 다녀라.

이쁘더라. 특히 여름에 쓰는 게…

그나마 차를 가지고 오니 망정이지 봄봄이 없을 때는 전철 타고 다녀서 역까지 걸어다녔는데, 긴 바지에 긴 셔츠 입고 출퇴근 시간마다 땀에 절게 되는 괴로운 시간을 보냈다.

오후 늦게 전화기와 PC를 받았다. 노비에게 쥐여 주는 호미와 곡괭이 같지만 오랜만에 반갑다.

천성이 사노비

남 밑에서 일하는 게 적성에 잘 맞음

그렇게 긴팔 셔츠, 긴 바지로 내 종아리와 팔뚝을 옥죄며 눈알을 굴리던 인고의 시간이 지나갔다. 컴퓨터 세팅이 끝나고, 이것저것 반가운 인트라넷을 뒤지다가 퇴근 무렵이 됐다.

첫 출근 포지셔닝이 중요하다. 일찍 출근해서 모범은 보였는데, 퇴근까지 늦게 하면 윗사람 입맛에 잘 맞는 말 잘 듣는 사노비로 인식될 수 있다. 남들 나올 때 적당히 인사하고 나왔다. 감사팀 팀장님이 술을 좋아하신다는데, 여차하면 술자리에 그의 반주 파트너가 됐을 수도 있다.

퇴근 시간은 6시 10분. 봄봄이가 있는 와이프 회사로 간다. 우리 봄봄이 편도염으로 오랜만에 어린이집 갔다가 힘들진 않았나 걱정이지만 잘하고 나왔다.

하원 때 엄마 보고 운 거 빼고는… 걱정했던 오늘이 무사히 지나간다.

 ··· *D+150*

Ep. 49 Begin again

요즘 내 블로그의 육아 일기를 봐 주시는 친한 분들께서 일기에 나오는 언어유희를 보고는 힙합을 해 보라는 말씀을 많이 해 주신다(그래 봐야 두 명).

일기에 쓴 언어유희와 힙합 라임의 유사점으로 그러는 듯하다. 그들의 요구에 부응하여, 오늘의 인트로는 힙합에 대해 좀 끄적이고 시작.

힙합 문외한이지만, 힙합이란 현실을 반영한 가사를 비트에 맞춰서 랩으로 읊조리는 음악의 한 종류라는 것 정도는 알고 있다.

요즘 현실적인 고민은 너무 많지만, 집 사고 불어난 빚을 어서 떨구는 것도 중장기적인 큰 고민. 힙합 인트로에 내 현실을 붙여 본다.

빚을 통해 언젠간 큰 부자가 될 희망사항을 그린 작품

Drop the beat 대신

Drop the 빚

나의 허리 휘게 하는 너란 이름 빚
언젠가는 허리 펴 줄 너는 바로 빛

5분 생각한 거치곤 훌륭하군(소질이 있어). 하지만 다시 직장인이 됐으니 스웨그보단 동네 의원의 수액이 필요한 시점이다.

또 쓸데없이 장황한 오늘의 서설.

오늘은 창립기념일이다. 고로 쉬는 날. 출근 3일 만에 조금 숨 돌릴 틈이 생겼다. 회사에서 아직은 별 일 안 함에도 불구, 집에만 오면 맛탱이가 가서 기절하기 바쁘다. 적응이란 보이지 않는 무거운 녀석이 하루 종일 내 어깨에 올라타 있었나 보다. 집에만 오면 녹초가 된다.

9월에 있을 행정사 시험 2차 공부는 안드로메다로 가 버리고, 지난주에 봄봄이가 어린이집에 3일을 결석하는 바람에 다음 주에 방학이 있음도 엊그제서야 알게 됐다.

부랴부랴 다음 주에 3일간 휴가를 냈다. 복직한 지 이틀 만에 감사팀 팀장님께 3일 휴가를 던진다.

"제가 복직할 줄 모르고 미리 잡은 휴가 일정이 있는데요."

답정너

뭐 어쩌겠는가. 복직할 줄 모르고 잡아 놓은 휴가라는데…. '어라 이것 봐라?' 입맛은 쓰지만 그가 뱉을 수 있는 말은 긍정의 단어 하나다. 어쨌든 와이프가 휴가를 못 쓸 것 같아 내가 냈는데, 와이프도 가능하다 해서 우리 가족 강제 여름 휴가를 가게 됐다.

눈치껏 9월쯤 시험 앞두고 낼까 했는데, 독서실에 짱박히는 것 대신 가족과 좋은 시간을 보내게 됐다.

사실 육아 휴직을 회사에 던지고 갔다와 보니, 회사에 대한 내 마음가

짐이 달라졌다. 회사나 팀장님께 눈치 보고 가족보다는 회사에 치우쳤던 시각이 바뀌게 됐다. 가족이 먼저고, 회사보다는 가족에 더 신경을 쓰게 됐다.

감사팀 팀장님이 저녁 반주를 좋아하신다는데, 두어 번 슬쩍 저녁 얘길 꺼내셨음에도 철벽치고 거의 칼퇴 중이니 내가 많이 바뀌긴 바뀐 것 같다.

그를 포함한 다른 사람들도 날 보며 낙인 찍었을지도 모른다.

회사에 큰 뜻 없는 직원

제대로 보셨습니다.

하지만 몹쓸 책임감이 있어서, 대책 없이 회사를 그만두거나 그만두게 될 정도로 대책 없이 다니진 않을 것이다.

다음 주에 휴가 다녀오면 먼저 술 사달라고 메일 보낼 참. 초기에 포지셔닝 잘못하면 계속 바랄 테니, 가끔은 와이프 휴가라서 같이 퇴근 안 해도 된다고 선의의 거짓말 하면서 술 한잔 해 드릴 계획이다.

밀당하기

와이프랑도 안 하는 밀당을….

어쨌든 이제 진짜 'Drop the 빚'을 하기 위해 열심히 맞벌이를 해야 한다. 아직 머리도 제대로 안 돌아오고, 이상하게 체력 소모도 많고 어리바리하지만 예전처럼 열심히! 하지만 적당히 전략으로 간다.

Ep. 50 육아 휴직이 내게 남긴 것

복직하고 첫 불금이다. 이번 주 고생한 아이에게 감사하며, 쫄리는 행정사 2차 시험 공부는 뒤로한 채 봄봄이 재우고 치맥을 한 직후다.

우여곡절 끝에 원했던 감사팀으로 복직을 해 보니 나보다 5살 어린 변호사가 있고, 감사팀뿐 아니라 이 실 안에 타 팀에도 전문 자격증 소지자가 넘쳐난다. 자격증이라고는 1종 보통 운전면허증과 각종 컴퓨터 자격증이 전부인 내게 살짝 쫄림을 준다.

여긴 정글이다. 나도 확실한 무기가 필요하다.

이전에 내 전공도 언급했고, 눈치챘겠지만 이 감사팀은 법무 관련 팀이다. 제법 규모가 큰 회사라 법무라는 이름에 포함될 유관 업무를 하는 팀이 많다.

내가 그들보다 잘할 수 있는 걸 생각해보니 파워포인트와 엑셀 정도. 육아도 더 잘할 자신 있다. 하지만 이건 무의미하다. 더 좋은 뭔가가 필요하고, 이건 다니면서 더 고민해야 할 숙제다.

육아 휴직 쓰고 팀을 바꿔 복직한 데다, 1 + 1으로 귀찮은 일까지 떠안고 온지라 사방에 눈치가 보인다. 무기도 없는 주제에 눈에도 잘 띄는 형광색 조끼를 입고 정글에 뛰어든 느낌이랄까?

복직한 지 4일 만에 퇴사 욕구가 솟구친다. 이제야 회사에 돌아온 게 실감이 난다.

휴직 전에 걱정했던 불이익에 대해서도 육아 휴직을 해보고 돌아와 보니 체감되는 불이익은 없어 보인다. 내 휴직 중에 생긴 직장 내 괴롭힘 방지법(?) 이런 것도 있고, 요즘 워낙 휴직 쓰는 아빠들도 많기에 비공식적인 불이익은 있을지언정 티나게 뭐 그런 건 없는 것 같다.

중요한 건, 내가 휴직을 했든 안 했든 윗사람은 별로 관심이 없다는 점이다. 내가 그 팀에 필요한 사람인지, 자기가 맡은 업무를 잘 수행할 사람인지가 중요하다. 일시적으로 인사 평가에 영향을 줄 수는 있지만, 내 8년 커리어 중 나를 평가하는 큰 흐름이 바뀌진 않는다.

물론 나도 불이익을 감수할 정도의 멘탈이 형성됐기 때문에 괜찮기도 했다.

누군가 직장 생활이랑 육아 중 뭐가 힘드냐 묻는다면, 힘든 건 대동소이하다고 말해 주고 싶다. 다만, 회사는 잘못되면 나가면 그만이고, 퍼포먼스가 안 나와서 인사상으로 잘못돼도 다시 시작하면 되는데, 아이는 잘못되면 돌이킬 수 없기에 그 점 때문에라도 육아가 부담이 더 크고 어렵다고 생각한다.

그런데도 얻은 게 훨씬 많기에 그 어려움을 감내하고서라도 아빠들이 꼭 아이와 시간을 보냈으면 한다.

5개월 넘게 육아하면서 얻은 게 있다면, 아이랑 이전보다 많이 친해졌다는 것과(물론 엄마는 넘사벽), 아이에 대해 책임감이 강해졌다는 것, 아이에 대해 많이 알게 됐다는 것, 그리고 무엇보다

아이에 대해 능동적이 됐다는 것

그 이외 것들은 다 수동적이 된 건 함정

이전에는 와이프가 시키는 대로 해 왔다.

언제 약을 먹일지

언제 재울지

뭘 먹일지

뭘 먹이면 안 되는지

머리를 언제 깎일지

간식은 뭘 줄지

아이가 옹알대는 말이 무슨 뜻인지까지

지금은 와이프만큼 잘 알고 능동적으로 아이를 대하고 있고, 무엇보다 아이가 보내는 시그널을 잘 캐치해 내고 있다. 그만큼 아이를 돌보는 것에 사각이 없어지겠지.

휴직 강력 추천

직접 해 보니 아이와 나 모두에게 좋았다는 결론

누군가 고민을 하고 있다면 꼭 해 보길 권하며, 내 장황했던 일기가 선택을 앞둔 누군가에게 작은 도움이 되길 바라 보며 육아 휴직 일기를 마무리하려 한다.

육아 휴직하면서 에피소드 50개 정도는 쓰려 했고, 복직하고 정신 차려 보니 딱 50번째 에피소드가 됐다. 이쯤에서 육아 휴직 일기는 그만 마무

내가 한다! You가 한 육아

리지어야 한다는 운명 같은 신호처럼 느껴진다.

내일은 봄봄이 문화 센터 친구들 가족(지난번 나 여행 때 집에 놀러온 그 친구들 가족)과 1박 2일 가평 여행이다.

그동안 내게 주말이란 방해받고 싶지 않은 피 같은 시간이었는데, 이제는 방에 있고 싶지 않은 피붙이와의 귀한 시간이 됐다.

치맥 후 알딸딸한 좋은 기분을 가지고 내일을 기대해 본다.

육아 휴직 일기 진짜 끝.

50편까지 쓸 수 있게 격려해 주신 많은 분들께 감사드립니다.

복직한 지 한 달이 지났다. 그동안 월급도 받았고, 나의 복직을 환영하는 회식도 했다.

몇 개월 만에 월급을 확인하니 감회가 새롭다. 적지 않은 금액이지만 그 월급에는 아이를 남에게 맡기고 하게 되는 걱정과 아이에 대한 미안함이 가치로 환산되어 포함되어 있다. 그래서 만족스러운 숫자가 통장에 찍혔음에도 마음이 허전하다.

오랜만에 회식을 하고 늦은 시간에 집에 돌아와 잠든 아이를 봤다. 잘 때는 정말 천사가 따로 없다. 아이가 자면서 짓는 한 가지 표정을 빤히 보며, 나는 오만 가지 생각을 하게 된다. 그러다 '열심히 살아야겠다'는 한 가지 다짐으로 마무리된다.

우리 아부지도 날 키우며 저런 생각을 하셨을 거고, 그래서 저렇게 열심히 사셨나 싶어 마음이 찡하다.

걱정했던 것과 달리 회사에서 나의 육아 휴직은 더 이상 특별한 얘기가 아니다. 팀 바뀌서 복직하면서 하던 업무를 가져갔다는 게 더 이슈다. 벌써 나의 휴직은 잊혔고, 회사 생활이 다 그런 것 같다. 내 인생에 별 의미 없는 사람들의 뒷담화나 평가에 신경 쓰지 말자고 또 다짐해본다.

복직하고 한 달, 평일에 잘 못 보니 아이가 더 자란 것 같다. 키도 더 커진 것 같고, 하는 행동도 더 성숙하다. 말을 하기 시작하니 예쁜 게 상상을

초월한다. 지금부터 휴직을 했었다면 얼마나 더 좋았을까 싶은 요즘이다.

생각해 보면 휴직하고 처음 아이와 어린이집 적응했던 때가 제일 행복했던 것 같다. 11시에 하원하고 8~9시간을 온전히 둘이 보내면서 여기저기 다녔던 게 기억에 많이 남는다. 월요일은 아이와 갈 수 있는 공공기관이 거의 문을 닫는다는 걸 휴직을 하고서야 알았다.

아이가 빨리 크는 게 속상하다는 와이프의 말이 이제야 가슴에 와닿는다. 그래도 짧게나마 아이가 커 가는 모습을 상당 시간 지켜볼 수 있었다는 것에, 휴직을 할 수 있게 도와준 모두에게 감사하다.

봄봄이 초등학교 가기 전에, 남은 육아 휴직으로 봄봄이와 단 둘이 오랜 시간 여행을 하고 싶다는 소망이 생겼다. 그 둘만의 시간을 『내가 한다. You가 한 육아 — 후속편』으로 기록하고 싶다. 그리고 먼 훗날, 봄봄이에게 이 책과 함께 전해 주는 날을 기대해 본다.

이제 일기를 마무리하려 한다. 마지막으로 그동안 아이 키우느라 고생한 와이프와 부족한 아빠에게 항상 웃어 주는 봄봄이에게 감사한 마음을 전하며 이만 줄인다.

2019년 9월 8일
봄봄이 아빠, JK 씀

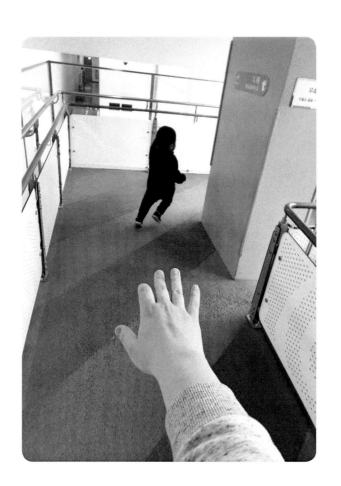